資優學園 **10**

老師沒有教的應考秘訣

總主編
陳 光

前言

　　考場如戰場，尤其近幾年來呈愈演愈烈之趨勢，使各行各業的考生忙得不亦樂乎，其競爭程度也漸趨白熱化。

　　而每一次的考試結束，勢必會有一些人脫穎而出，成為眾人乃至社會所關注的焦點。而有的人則是註定飲恨考場，黯然神傷地、默默地離開考場，更有甚者從此便將考場視為禁地，不敢再越雷池半步，或將考場上的失敗視為人生的失敗，從此一蹶不振。

　　考試，自古有之，且會一直延續下去，因為這是各行各業選才的重要途徑。

　　考試，可以成就很多人的夢想，也可以粉碎很多人的夢想。

　　考試，有歡笑也有淚水，有喜悅也有傷痛，有激動也有無奈。

　　但是，許許多多的人卻依然樂此不疲，痛苦並快樂著，真可謂是：「昨夜西風凋碧樹，獨上西樓，望盡天涯路。」

　　「衣帶漸寬終不悔，為伊消得人憔悴。」

「眾裡尋他千百度，驀然回首，那人卻在燈火闌珊處。」

一千個考場上的勝利者，有一千個勝利的理由，一萬個考場上的失敗者，卻只有一個理由，那就是自己敗在自己的手下。

其實，考場上每個人的實力雖然參差不齊、千差萬別，但只要你走上了考場，不管你是為了實現自己的價值而走進去，還是糊里糊塗地走進去，抑或是硬著頭皮地走進去，你就有理由說自己一定行。實力固然重要，但並不是考試成功的決定因素。如果說實力決定一切的話，為什麼那些本來有實力考上台大、政大的學生卻在考場上表現平平，發揮失常？而那些不被看好的學生卻往往能夠一鳴驚人？這就是考試的秘訣所在，也是本書的重點與核心。

當然，如果你只有小學的水準而要參加基測，或只有國中的水準而要參加指考，我們勸你還是不要讀這本書，因為我們也沒有辦法幫上你的忙，就像一隻螞蟻無論如何是無法吃掉大象的。但如果你是一隻獅子，同時具備一定的毅力與策略，那麼再大的大象你也能夠吃掉。而本書就是要告訴你如何提升自己的實力以及毅力與策略訣竅。

首先是實力。其實，實力跟狀態有著直接的關係，面臨著迫在眉睫的考試（特別是大考），大部分的考生都會因為緊張而出現不同程度的焦慮與不安；同時，這種考前的緊迫狀態又能激發出考生的鬥志，並能夠進一步提升自己的動力與集中力，使競技狀態朝向正面的方向發展。這時候，如果你能有效地利用此階段，就能使你發揮出幾倍的實力，只要方法正確，你所擔心的實力問題會在無形中被你解決掉，使你充滿自信，大大超越了被考試逼得亂了方寸的對手。這樣，在氣勢上你已經壓倒對方了。

　　當然了，想要真正做到攻無不克、戰無不勝，平時的累積是十分重要的，並且要在考試時，將這些平時累積的實力百分之百甚至百分之兩百地發揮出來。而要做到這一點，就必須靠毅力與策略。

　　至於毅力，我們這裡指的並不是平常大家所認為的堅持、堅持再堅持的方法，我們這裡所指的毅力是教你如何減少考前焦慮與過度的緊張感，使你在心理戰術上處於絕對的優勢地位。

　　平時我們都注意到，體育競技賽場上雙方對抗的選手實力都差不了多少，但有一方在比賽中可能會勢如破竹，而另一方則會

顯得不堪一擊。原因在哪裡？這就是心理戰術的運用問題了。

　　其實，考場也和體育競技賽場上一樣，既然面臨大考時，大家都會顯得有些不安，那麼，如果你能排除壓力，減少不安的成分，你獲得勝算的把握就會大大的增加。而如果你過度的緊張和恐懼的話，往往就會不戰自敗，更讓你不甘心的是打敗你的恰恰是你自己，而不是別人。

　　所以，使自己保持良好的狀態，你就會在心理戰術上佔有優勢，這便是你激發自己、超越自己的秘訣。

　　有這樣一個例子，有一位導師，在給自己的一位學生出數學題的時候，誤將自己還沒有解出來的一道數學題交給了那位學生。第二天，當他看到學生交上來的作業時，不禁嚇得目瞪口呆，因為連自己還沒有解答出來的題目竟然被自己的學生解答出來了，驚嘆之餘的他趕緊問自己的學生是怎樣解答出來時，他的學生也被問得莫名其妙，因為他只把這道題當做是一道普普通通的數學題，壓根兒就沒有想到這會是一道連自己的導師都被難倒的數學題。這就是一個典型的超越自己實力的例子。

　　最後，我們要說的是有關策略的問題，如果是在體育競技賽

場上的話，這應該是屬於教練的問題。就像職棒賽場上教練何時換投手？或者是換代打？往往成為一場球賽的勝負關鍵。那麼，考生面對考卷時，如何發揮出自己的實力，甚至是超越實力而取得高分；如何在有限的時間內快速而準確的答題；面對難題怎樣進行突破等等。這些問題就全都歸考生自己的了，要知道，同樣的實力會因策略的不同而出現很大的差距。

本書的策略包括：時間的分配法、答題的秘訣、難題的對付方法、檢查的高招等等各方面的考場應對技巧。只要學會了這些技巧，你也會成為一流的「應考專家」，你就不會害怕各式各樣的考試了，相反，你會因此而喜歡上考試，喜歡上讀書。

我們還要再次強調，過去不能代表現在，也不能代表未來，不管你過去曾經失敗過多少次、跌倒過多少次，也不管你現在對自己有沒有信心，考試前的短短幾天以及考場上的發揮依然是決定勝敗的關鍵。衷心的祝願各位考生能夠在考場上叱吒風雲，真正做到攻無不克、戰無不勝。

目錄

第一章 細水長流

平日工夫最重要

01 磨刀不誤砍柴功
養成良好的學習習慣

習慣真是一種頑強而巨大的力量，它可以主宰人的一生。

——培根

習慣是一種行為的自動化，是支配人生的一種強大的力量。也就是說，人的習慣一旦養成，就不需要特別的意志努力，也不需要別人的監控，就可以自然的按照既定的規則去行動。良好的習慣可以使你在人生的道路上披荊斬棘，不斷地超越自我，邁向成功；而壞習慣則會使你在生活中迷失了方向，迷失了自我，並在屢遭挫折後選擇了放棄自己的理想和美好的未來。

很多的天才在談到他們的成材秘訣時，都不約而同地強調自己從小就養成了良好的學習習慣。比如，中國大陸13歲就進入科技大學的周峰，從小就養成了每天認識10個漢字，記憶10個英文單字的習慣，即使再忙也從不間斷。就這樣，日積月累，一年下來，他便記住了3000多個漢字和3000多個英文單字。

也許，你沒有那些天才那樣聰明的頭腦；也許，你沒有那

些天才的學習條件；也許，你還會有很多的疑惑。你或許會說，每天認識10個漢字，記住10個英文單字並不難，難的是一年下來要認識3000多個漢字和3000多個英文單字。因為遺忘總是隨時隨地干擾你的記憶，比如昨天記住的10個英文單字，到了今天就忘得差不多了，而今天記住的10個英文單字，到了明天也會同樣忘掉。這樣一來，一年下來要記住3000多個英文單字又談何容易呢？

是呀，遺忘是我們學習過程中的勁敵，你的這些問題和困惑是眾多的學子都會碰到的，包括那些天才和考試狀元，在他們的學習過程中，也會碰到各式各樣的問題。但由於他們已經養成了一種良好的學習習慣，所以，不管是什麼樣的問題，在他們的這些習慣面前都會迎刃而解。而針對遺忘這個問題，只需要你每天在學習新內容之前養成複習的習慣就可以輕而易舉的解決了。其實，這個道理古人已經講得非常的透徹了，那就是只有「溫故」，才能更好的「知新」。

當然，要養成良好的學習習慣也是需要你付出一定的努力的，因為任何習慣的養成，皆源於一種動力，這種動力會使你在學習中不知不覺地養成一種潛意識的習慣。即每天到了那個時段，你就會自覺的學習，而不需要任何的提醒與外力的強迫。這

種習慣一旦養成，即便有時候你的時間安排不過來，你也會千方百計的給自己挪出時間的。那麼，我們在學習中，要養成什麼樣的習慣呢？

（1）要養成專時專用、講求效率的習慣。做到數量與品質並重，在一定的時間內，按要求完成一定數量的任務，並將新學到的東西即時消化掉。使自己一旦坐到書桌前，就要排除一切的雜念，進入適度的緊張學習狀態中。

（2）要養成獨立鑽研、務求甚解的習慣。做到一旦在學習中碰到難題和疑惑就立即查閱工具書和核對資料的習慣，同時要善於請教。比如在平常的學習中多問自己幾個「為什麼」，並自己動腦筋去思考，想出合理的答案。碰到自己解決不了的難題，就要透過查閱工具書和資料或者向同學、老師請教的方式來解開難題。

（3）在學習中還應養成遵循「六步學習法」的習慣。即做好預習的習慣、課堂上認真聽講的習慣、課後即時複習的習慣、記筆記的習慣、按時完成作業的習慣和建立糾錯筆記的習慣。只要這些習慣一旦養成，你在學習上就會變得非常的輕鬆了，因為這是我們在學習當中最為高效而且是最省力的辦法，你要做的就

是將這種步驟養成習慣，如此而已。

名師點評：考試考的就是你平時累積的一些知識，所以最主要的還是要靠你的平日工夫。如果只是心存僥倖，靠臨陣磨槍是非常被動的。而在平常的學習過程中，養成一個良好的學習習慣是非常重要的，在班上只要是學業成績比較好的同學，幾乎都有很好的習慣。因此，每次考試時，他們都能夠特別自信的面對。

～～～～～～～～～～～～～～～～～～～～～～～～～～～～

學生收穫：良好的學習習慣使我能夠輕鬆地面對各個科目的考試，而且由於善於安排時間，各科之間複習起來不但互不干擾，而且能起到融會貫通的作用。

～～～～～～～～～～～～～～～～～～～～～～～～～～～～

家長策略：家長首先要在家庭中為孩子創造輕鬆的學習氛圍和良好的學習環境，並養成這種良好的習慣，才能對孩子的學習產生積極、正面的影響作用。試想，如果父母自己都有一身的不良習慣，又怎能指望孩子養成良好的習慣呢？

02 制訂計畫
不打無準備之戰

在「計畫趕不上變化」的今天，制訂計畫似乎顯得越來越無用武之地。更有很多的學生覺得，計畫只是一些死的戰術，沒有什麼實際的用處，因為實際學習時，根本沒有多少人會真正按照計畫去進行。

那麼，果真如此嗎？讓我們先來看看沒有制訂計畫的學生在學習上是如何應付的吧！王明今年已經上高三了，但由於在高一和高二時沒有打下良好的基礎，如今又面臨著大學指考的壓力。王明覺得自己再不抓緊時間複習就來不及了，因此他開始拼盡全力複習功課。每天的學習時間都在十三個小時以上，剛開始他還是比較樂觀的認為，如果自己按照這個進度複習下去，在大學指考來臨之前把功課趕上是沒有問題的。但是，剛過了一個多月，王明就發現，自己在課堂上出神的次數越來越多了，而且每次複習功課的時候，腦袋也越來越不集中，同時他也突然發現，自己的這種複習方法除了把自己折磨得苦不堪言，在學習效果上卻收

效甚微。直到後來，王明不得不放棄這種「拼命三郎」式的學習方法。

　　王明最後之所以選擇了放棄，究其原因，就是因為他沒有給自己制訂一個良好的複習計畫，而是完全按照自己的興致去安排學習時間，比如今天高興了，狂抓這門功課，明天不高興了，又去複習別的功課，至於後天該複習哪門功課，他自己也不知道。而且在複習的過程中，他的思維一直是繃得緊緊的，根本沒有給自己放鬆的空間和餘地。試想一下，這樣的學習方法，即使付出再多的努力又有什麼用呢？

　　而考上台灣大學企管系的周同學，在談到自己在高三階段的複習經驗時，他很自豪的說自己大學指考的成功完全得益於制訂了明確的學習計畫。他說：「雖然自己事先制訂的學習計畫，在真正的執行過程中，會做出很多的調整，但總體的複習計畫並沒有變。而且，因為制訂了詳細的複習計畫，也就確保了自己擁有足夠的休息和娛樂時間進行放鬆，使自己一直保持充沛的精力和良好的狀態。」

　　像周同學這樣優秀的同學還有很多，他們通常都擁有堅強的毅力和必勝的信心。因為他們在走上考場之前，已經為自己制訂

了克敵制勝的「作戰」計畫，而這個計畫恰恰是他們得以笑傲考場的秘訣。

那麼，我們應該怎樣制訂一個適合自己的學習（複習）計畫呢？下面的四點原則是你在制訂計畫的過程中，必須掌握好的。

1、制訂明確的目標

目標是我們奮鬥的動力，也是我們在求學生涯中永不熄滅的指路明燈。因此，我們必須給自己樹立一個明確的目標，只有擁有了明確的目標，我們才能在前進的道路上找到正確的方向，否則我們將迷失了方向，也迷失了自我，永遠無法達到成功的彼岸。

那麼，怎麼樹立一個明確的目標呢？這當中也有一個技巧，如果目標過高，會使你在奮鬥的過程中倍感艱辛，再加上最終無法實現的話，往往會給自己帶來極大的挫敗感，也容易使自己在學習的過程中處於被動的局面。如果目標過低，太容易實現的話，自然就會產生一種懈怠的心理，最終可能連最低的目標也實現不了，再說，太容易實現或不經過努力付出就能夠達到的目標，並不是什麼遠大的目標。因此，最好的目標就是根據自己的實際情況和水準樹立，既不要過高，也不要過低，就是以自己目

前的水準再經過努力就能夠達成的目標，這才是比較適合實際的目標。

有了這個目標之後，再制訂學習計畫就比較貼切了，因為這個時候你所制訂的計畫已經與你所要達到的目標相結合了。這樣的計畫，在你執行起來的時候就比較容易適應，也比較容易掌握，你還可以根據自己的學習進度而對計畫進行不斷地調整，直到自己滿意為止。

2、要做到宏觀和微觀相結合

這裡的宏觀指的是複習計畫當中的一個總體目標，是相對於執行計畫過程中的一些細節而言的；微觀指的是執行計畫過程中的一些具體細節，比如落實到每週一到週五的複習安排，每門功課應該複習多長時間，週六、日應該怎樣安排等等。那麼，怎樣做到使計畫中的宏觀和微觀相結合呢？

（1）根據既定的宏觀計畫目標，對微觀計畫進行不斷地調整或變化，以確保目標得以實現。

（2）自己制訂的複習計畫應與老師的計畫相吻合，不能相互脫節，自成一套。

（3）以「維持優勢，改善弱勢，爭取機會，消除威脅」爲原則，凸顯複習重點。一是針對自己複習中的弱勢科目，二是針對各學科中的重點內容。

（4）計畫要考慮學科間的平衡，可以把每門功課分成幾個複習單元，列出每個單元的複習目標，並尋找各知識點之間的關係，以達到靈活掌握各門功課整體概念的目的。

3、計畫要有可行性

制訂的計畫如果只是追求完美，講求面面俱到，而忽略了可行性，那麼這份計畫還是一份失敗的計畫。原因很簡單，我們制訂學習計畫不是爲了給老師看，也不是爲了給父母看，更不是爲了自己欺騙自己，而是一份能夠把複習效率提升的計畫。因此，這份計畫唯有可行，才能眞正稱之爲計畫。那麼，怎樣讓你的計畫具有可行性呢？只要你在制訂計畫時能夠注意到以下幾點，就不難制訂出一份切實可行的複習計畫。

（1）明確實際學習任務，確定每天具體的學習安排。

（2）掌握好可支配的實際時間，遵循先緊後鬆，先複習理解性知識後複習記憶性知識的原則。

（3）優先複習弱項和完成得較快的內容，優先補缺補漏，

優先改錯答疑。

（4）安排的複習任務要適合自己的水準，不可過重或過輕。

（5）在注意力較為集中的時段複習相對困難的弱勢學科，在其他時段複習感興趣的強勢學科。

（6）對於重點、難點的知識要加強鞏固，而對於一些比較熟悉的知識點則簡單看一遍即可。

4、計畫應具有靈活性

我們都知道，一份計畫制訂好後，在真正的執行過程中，還會碰到各式各樣的問題。這時就需要我們對這份計畫進行相對的調整，以適合實際情況的需要。因此，在制訂計畫的時候，千萬不要把時間安排得太滿，一定要給自己留有喘息的空間和轉圜的餘地，以免因為某些細節出了問題而影響整個計畫，甚至會被迫放棄整個計畫。這實在是很可惜的事情，因此擬訂計畫一定要富於彈性，可以適時地加以調整。

人是情緒的動物，我們本身也具有惰性，所以千萬不要以為自己是萬能的機器，而且任何人都會有情緒低落的時候，包括一些無法避免的突發事件，是誰也無法避免的，許多計畫就是因為

實施中途被一點小事打斷，因此制訂計畫的時候一定要給自己預留一些空白時段，這是保持計畫具有靈活性的重要方法，在你的計畫表上，每週至少要有一至兩個單位時間是完全空白的，這一段時間會給你充分調節的機會。如果一週來你都能按計畫實施，彈性時間將可使你大大地鬆一口氣，去做一些自己想做的事情，也算是對自己的一點鼓勵。如果你的計畫因故耽擱了，正好利用彈性時間予以補救，不致影響到全盤進度。當然，如果你精力充沛，鬥志十足，那麼你可以利用這段彈性時間繼續奮鬥，享受超越進度的快感。所謂退可守，進可攻，讓你佔盡了主動和先機。

另外，由於主、客觀因素的變動，計畫很難十全十美，在擬訂計畫之前，就必須有日後將可能修正的心理準備。尤其是初次擬訂計畫時，更要允許自己有嘗試性錯誤的機會，一旦發覺計畫有不適合的地方，就應立即修正調整。雖然「勇往直前，義無反顧」是一種奮鬥的精神，但在凡事都講求方法的今天，卻並不是執行計畫的理想態度。

如果看到這裡已經讓你覺得茅塞頓開，那就趕緊動手為自己制訂一份學習計畫吧！但千萬別忘了，計畫是用來幫助你主宰時間而不是要你成為時間的奴隸嘞！

名師點評：雖然老師不會像檢查作業一樣去檢查學生的學

習計畫，但一份可行的學習計畫對每個學生來說是必不可少的。因為老師同時要教幾十個學生，不可能做到對每個學生進行因材施教，因此，每個學生都應該從自己的實際情況和水準出發，制訂一份適合自己的學習計畫。

～～～～～～～～～～～～～～～～～～～～～～～～～～～～～～

學生收穫：在沒有制訂學習計畫之前，只知道跟著老師的教學計畫去學習，以為這樣就很好了，跟上老師的步伐應該是沒有問題的。但後來發現，由於所學的功課比較多，有的功課是自己的優勢，有的是自己的弱勢，在這方面，老師根本沒有辦法幫助自己調整。但自從自己制訂了一份學習計畫之後，這個難題就輕而易舉地解決了。現在自己在學習方面可以說是胸有成竹，在考場上更是充滿自信。

～～～～～～～～～～～～～～～～～～～～～～～～～～～～～～

家長策略：對於沒有制訂過學習計畫的孩子來說，父母可以給予建議，並幫助孩子完善這份計畫。有必要的話，可以督促孩子嚴格按照所制訂的計畫進行複習。遇有需要調整的地方，可以幫助孩子對計畫進行修改，但要做到不影響總體的目標，更不可放棄整個計畫。

03 自著寶典
完善你的學習筆記

筆記是你複習的寶典，離開了它，你甚至連複習計畫都無法進行下去。筆記為什麼如此重要呢？道理很簡單，因為你在學習的過程中，課堂是關鍵，如果你在課堂上聽好課，記好筆記，就等於你已經汲取了課堂上的精華。如果你在課後再根據所記的課堂筆記進行複習，那麼，從課堂上學來的東西就消化得差不多了。

當然，記課堂筆記也需要一定的方法和技巧，其中的一些忌諱是你必須要注意避免的，因為如果你犯下了這些錯誤，你的筆記就沒有太大的用處了，甚至是徒勞的。那麼，這些忌諱是什麼呢？

（1）把記筆記當成課堂上最重要的事，只顧埋頭記筆記而忽略了聽講，結果一堂課下來根本不知道老師講了些什麼，更弄不清自己到底記了些什麼。

（2）分不出重點、難點，只知道照本宣科，到複習的時候

才到處亂抓。

（3）把課本當筆記，結果弄成一團亂麻，等到要複習的時候才知道無從下手。

（4）記完筆記後把它扔到一邊，不再理會，等於沒記，還佔用了聽課的時間。

而好的課堂筆記，除了盡量避免上述四點之外，還需要遵循以下幾點原則：

1、課堂上要認真聽講、積極思考

課堂上認真聽講和記筆記都是同等的重要，不管忽略哪方面都會導致一些難點知識沒有掌握好。如果只知道認真聽講而忽略了記筆記，課後複習就無從入手；如果只知道記筆記而忽略了聽講，那麼你自己不知道自己記的是什麼內容，就更不用提複習了。因此，在課堂上要以認真聽講、積極思考為前提，只有這樣，才能做到把老師講授的重點知識記得比較詳細，同時也記下了老師授課的技巧、對難點知識的解題思路等。這樣，即便在課堂上一時有聽不清楚、理解不了的地方，也能很好地記下來，以便課後再請教老師和其他同學。

2、記下老師對難點知識的闡釋、舉例和補充

老師在課堂上對一些難點知識的闡釋、舉例說明、補充等，都是書本上沒有而且又比較重要的，這些東西往往是根據老師以往的教學經驗總結出來的一些精華。把這些記下來，除了能夠掌握更多的學習方法和經驗，還可以擴大你的知識領域。

3、善於抓住課堂上轉瞬即逝的靈感

在課堂上聽老師講課時，我們通常會有這樣的經驗，即當老師講一個知識點時我們總會聯想到其他與之相關的知識。這些聯想很重要，它會讓你產生一些靈感，但這些靈感也容易一瞬即逝，如果不即時記下來，很快就會忘掉了，這是很可惜的。所以，一定要善於抓住這個轉瞬即逝的機會。當然，認真聽課才是最重要的，千萬不要讓自己陷入過多的聯想中，因為如果是這樣的話就是在神遊，而不是聯想了，這樣就會影響到自己在課堂上聽課的品質。這是我們一定要分清的。

4、對一些常用詞可用記號代替

筆記既然是你的寶典，所以不妨用只有你自己能看懂的符號記下來，既方便又快速，這樣你就會擁有更加充足的時間用於聽

老師講課了。當然了，記筆記的時候還要注意記筆記的格式與清晰度，否則連自己也看不懂，記與不記又有何異呢？

另外，課堂筆記並不是課堂上記一記就算完成任務了，而是要在課後趁熱打鐵，對照書本，即時回憶有關資訊，並對筆記中的一些缺漏、跳躍、省略、簡記等進行補充，讓其更加完整，對筆誤的地方即時糾正，對錯誤之處或不夠確切的地方進行修改。還可以編號分類，捨棄無關緊要和瑣碎的東西。這樣，不僅可以幫助我們加深對所學知識的印象，提升並鞏固記憶的效果，而且還可以培養我們嚴謹而周密的學習習慣，提升分析概括的能力。

~~~~~~

名師點評：記課堂筆記要在聽懂的前提下，經過「選擇——加工——歸納——濃縮——回饋」的過程，有重點地記錄，才能整理出好的課堂筆記，也只有這樣，在複習的時候才能做到有針對性的抓住重點，提升複習效率。

~~~~~~

學生收穫：每次在課堂上，聽課和記筆記都是我必須要做好的，真正做到耳聽、眼看、腦想、手動，而且我把筆記分成正頁和副頁兩部分，用正頁來記課堂筆記，如課堂的題目，聽課時

的體會、疑問、重點等。副頁則主要用來記預習筆記，比如預習時發現的問題和難點等。這樣一來，我在學習上就完全擁有主動權了，複習起來也比較輕鬆，每次考試自己都是胸有成竹。

～～～～～～～～～～～～～～～～～～～～～～～～～

　　家長策略：父母在這方面似乎沒有什麼可以幫上孩子的，對於一些望子成龍心切的父母可以幫助孩子檢查和整理筆記，但千萬不要過於干涉，因為父母沒聽過老師講的課，往往對老師在課堂上講的重點知識不瞭解。所以，父母在這方面對孩子的幫助不妨點到為止。

04 小錯大錯
建立你的糾錯筆記

　　顧名思義，「糾錯筆記」就是記錄錯題的筆記。對我們每個人來說，錯題往往是最典型的，也是測試知識往往最全面的，而且是解法獨特的習題。如果你能夠把這些習題的解題方法弄清楚，你就能夠把錯誤率降到最低。

　　那麼，我們在記糾錯筆記時應該注意哪些方面呢？

1、要做到分門別類

　　現在的中學生，學習的科目比較多，所以我們在建立自己的糾錯筆記時，一定要做到分門別類。如果不分科目的亂記在一起，那麼以後複習起來的時候，麻煩也就隨之而來了。試想一下，如果你看著那些亂糟糟的糾錯筆記，你還有什麼心思複習下去呢？所以，平時建立習題糾錯筆記時，一定要注意分學科，同時要做到書寫工整。這樣，自己看起來也會覺得舒服很多，精力自然也就比較容易集中了。

　　另外，還有一個記糾錯筆記的小竅門——用兩色筆分別標出

錯誤的答案和正確的答案，尤其錯題是選擇題時，正確答案的標記要更明顯一些，這樣會給你帶來一種強調和暗示的作用。

2、理清解題思路

理清解題思路最好的辦法就是在老師做示範講解時，認真的分析老師的解題思路。主要是注意比較一下老師和自己的解題思路不同點在哪裡，自己錯在什麼地方，解錯題的原因是什麼等等。不斷理解和掌握解題的方法、技巧等，尤其是對每一個錯題，要從它的整體結構、表現形式、涉及到的知識點等去進行綜合的分析，進而總結出正確的解題經驗。

3、分析錯因

分析做錯習題的原因是建立糾錯筆記不可缺少的內容。你只有對解題過程中出現錯誤的原因進行正確的分析，才能避免在今後犯同樣的錯誤。其中，做錯題的原因主要包括以下幾點：

（1）對基礎知識掌握得不牢固。

（2）對概念模糊不清、似懂非懂。

（3）對概念或原理的應用出現錯誤。

（4）陷入出題者的陷阱。

（5）時間緊迫，由於慌亂造成的失誤。

（6）大意失荊州，由於粗心而出現錯誤。

（7）過於自負，沒有看清題目就匆忙作答。

（8）沒見過這樣的題型，看不懂題目的意思。

　　這樣一個探究錯誤的過程也是你逐漸改正錯誤、累積經驗的過程。透過這種糾錯方式，可以讓你發現自己在答題的過程中還有哪些急待改正的考場缺陷，從正確的解題方法中不斷地得到啟發，形成正確的知識網路，使自己在答題過程中所犯的錯誤越來越少。另外，在分析錯誤原因的過程中，也會讓你在發現自己不足的同時不斷地認識自我，完善自己，增強信心。

4、根據糾錯筆記查漏補缺

　　有些同學在考試的時候，對同樣的問題總是一錯再錯，這是什麼原因呢？出現這種情況的同學，通常有兩種原因可以解釋，一種是對自己做錯的考題根本沒有分析過錯誤的原因和尋找正確的解題方法，也不認真聽老師的講解；另外一種是雖然自己也探

索了錯誤的原因和從老師那裡得知正確的解題方法，同時也把該考題放在糾錯筆記上進行「建檔」，但卻很少進行複習，時間一長，自然又全部忘掉了。

所以，對於那些自己曾經做錯過的考題，一定要十分的謹慎，並把它當成一個長期的「警鐘」，時時刻刻加以提防。關鍵是在平時要抽出一定的時間來翻翻看糾錯筆記，看多了，自然也就熟了，熟能生巧，自然就可以對同一類型的題目融會貫通，不會再犯同樣的錯誤。

名師點評：建立自己的錯題檔案，是消滅錯誤的最好辦法之一，如果學生能夠做到詳細地分析自己做錯題的原因，深入探究出題者的測試意圖，就能夠做到不再重蹈覆轍，並且能夠在下次考試中做到舉一反三，對同一類型或測試同一知識點的題目都能夠做到胸有成竹。

～～～～～～～～～～～～～～～～～～～～～～～～～～～～～～

學生收穫：糾錯筆記幾乎就是我的考試紀錄大全和平日練習的秘密武器，所有不會、答錯或是猜對的題目以及解答方式等，全部都記錄在其中，並即時整理及分析自己平時最害怕、最難理解的題目。經過幾次和這些難題、難點的較量，我最終都能

夠取得勝利，因為我深知，題目是死的，而我是活的。

~~~~~~

　　家長策略：父母可以經常閱看孩子的糾錯筆記，並即時提醒孩子在做錯的試題旁邊寫明做錯的原因。如果發現孩子做錯的題目逐漸減少時，千萬不要吝嗇你讚美的聲音，要知道每個孩子都需要賞識，都需要激勵，說不定在你的這些讚美聲中，孩子建立在糾錯筆記中的題目就漸漸地消失了。

05 互相學習
躍過優差生的鴻溝

俗話說：「近朱者赤，近墨者黑。」此話誠然。如果你每天都和一些優等生在一起交流，自然就會受到他們那種積極進取、樂觀向上的思想薰陶，在學習上你自然就會向他們看齊，並爭取超越他們；如果你整天和一幫不思進取的學生混在一起的話，自然就會受到他們那種消極思想的影響，整天處於渾渾噩噩的狀態，成績自然也就一落千丈，到最後你就真的一點信心也沒有了。因此，「和什麼樣的人在一起，就註定你會走什麼樣的路。」這句話是有一定道理的。

其實，我們現在所處的學習環境都是屬於開放型的，同學之間的學習只有透過交流才能更有助於雙方開闊思路、截長補短，同時可以從不同的人那裡汲取新的思維和學習經驗。所謂「獨學而無友，則孤陋而寡聞。」因此，不管是優等生也好，差等生也好，都需要和別的同學進行不斷地交流，才能相互進步，尤其是成績不理想的同學，一定要主動和成績比較好的學生進行交流，千萬不要因為出於自卑或嫉妒的心理而疏遠他們，你要知道，有

了他們的幫助，你的進步就會相當的神速；對成績比較好的同學來說也應如此，千萬不要以為那些成績比你差的同學不管在哪方面都不如你，而對他們產生鄙視的心理。要知道每個人的智慧都是差不多的，只是在某個階段狀態不一樣而已。再者，從差等生的身上，還是有很多值得優等生學習的地方的。比如他們充分放鬆的心態、不患得患失、勇於面對失敗的勇氣等等，如果在學習上你也擁有這樣的心態，你就能夠做到真正的戰勝自我。

那麼，在相互學習的過程中，我們應該怎麼做，才能使自己既能很好地和同學相處，又能提升自己的學業成績呢？

對平時成績不是很理想的同學來說，首先要放下自卑的心理，相信自己成績不理想只是暫時的事，關鍵是要調整好自己的心態，不要為此而自暴自棄，自己打敗自己。其次是要主動放下「面子」，謙虛地向優等生請教，既然他們的成績目前比你好，他就肯定會有很多可取的地方，所以直接向他們請教會讓你在充分放鬆的情況下學到更多的方法和經驗，而不像面對老師那樣「膽顫心驚」。千萬不要擔心優等生會冷落你，因為任何一個人都需要別人的認可和賞識，因此，在他們接受你的請教的同時，他們實際上也在接受你的認可和賞識了。當然，有一點需要注意的是，在向別人請教的時候一定要做到態度誠懇，這樣，別人才

會對你傾囊相助，對你以同樣的眞誠。

對優等生來說，首先應該做到的就是不以優等生自居，畢竟山外有山，人外有人，就算你再優秀，也總會有比你優秀的人存在。所以，對於自己曾經取得的成績，應該懷著一顆平常心去對待。其實是要懷著一顆感恩的心，自己所取得的成績，有父母的教育、老師的培養，也有同學的幫助，因此，自己也應該懷著一顆感恩的心去面對周圍的同學，去幫助那些需要幫助的同學。其實，你在幫助別人的同時，也在不斷地提升自己，以及認清自己的一些不足之處。

每個人都有自己的優點和長處。當然，在學習方面，那些優等生在這方面相對要比較凸顯一些。因此，只有積極的學習別人的優點，你才能夠受到這種正面的影響，進而不斷地激勵自己。

總之，只要你將自己融入一個積極向上、不斷進取的團體中，你就能夠感受到整個團體在學習上那種拼勁與奮鬥精神。相信在這種氛圍的感染下，一定能夠引爆出你驚人的智慧，而這種智慧的爆發將促使你成爲讓同學羨慕、讓老師驕傲、讓父母自豪的優等生。

名師點評：優等生和差等生只是相對而言，因為從來就沒

有絕對的優等生，也沒有絕對的差等生。優秀只是狀態和方法的問題，只要你的狀態好，只要你的方法正確，你也可以成為優等生。反之，優等生也會成為差等生。因此，要躍過優差生的鴻溝，就必須在班級中建立相互學習、共同進步的和諧氛圍。只有這樣，才能在學習上產生良性的競爭，達到共同進步、共同提升的目的。

學生收穫：同學之間的交流很重要，你有你的特點，我有我的長處，過於自負或妄自菲薄，都會導致自己處於孤立的境地。只有將自己融入班級中，讓自己在充滿友愛的氣氛中學習，你才能享受到學習帶給你的快樂和自信。

家長策略：父母要學會賞識自己的孩子，不管自己的孩子學業成績怎麼樣，都要鼓勵孩子主動和別人進行交流，讓孩子在學習和生活中學會尊重別人、欣賞別人、發現別人的優點，在互相交流中攜手進步。

06 時間統籌
巧妙利用你的課餘時間

　　經常聽見有很多同學這樣抱怨，每次快要考試時複習時間根本不夠用。果眞如此嗎？答案當然是否定的，正如魯迅先生曾經說過的那樣：「時間就像海綿裡的水，只要願擠，總還是有的。」就好像你喜歡鍛鍊身體那樣，不管有多忙，你總能夠挪出時間來鍛鍊身體。不是嗎？

　　那麼，應該怎樣挪出零星的時間呢？又怎樣把這些零星時間靈活地運用起來呢？只要做到下面幾點，你就能夠擁有足夠的學習時間。

1、靈活利用下課十分鐘

　　下課十分鐘也要應用於學習？可能嗎？這樣的話是不是把你當成學習的機器了呢？是的，下課十分鐘不能應用於學習，因爲疲勞的大腦也需要休息，才能恢復你的腦力功能，才能保持充沛的精力，以迎接下一節課的到來。而我們這裡所說的利用，並非利用這一點時間來學習，而是利用這些時間來準備一些與學習

有關的事項。比如你可以一邊休息一邊削鉛筆或者整理一些下節
課需要用的學習用品、參考書等，這樣既可以讓手部得到運動，
又可以讓大腦得以放鬆，還可以把上課前學習的一些準備工作做
好，免得上課後為這些瑣事而浪費了寶貴的時間。

2、靈活運用上學途中的時間

上學途中的時間其實是比較充裕的（住校生除外），比如等
車和乘車的過程中，如果都能夠靈活的運用起來，那麼效果將是
相當驚人的。你可以將一些比較難背的英文單字或需要背誦的詩
詞、文章等寫在紙條上或者製作成卡片，並隨身攜帶，在等車和
乘車的過程中，經常拿出來看一看、背一背，這些困擾你的難題
就會不知不覺地解決了。只要你將這些行為養成習慣，那麼時間
對你來說將不再那麼緊迫了，而且還幫助你解決了複習過程中的
諸多難題。

3、排除雜念、認真投入

有很多同學往往是這樣，好不容易讓自己靜下心來拿起課本
或練習題，卻偶然發現書桌上還放著一本小說，於是就拿起來隨
便翻一翻，但就在你隨便翻一翻的過程中，不知不覺一小時就過
去了。等到自己回過神來，提醒自己該讀書的時候，卻發現自己

腦子裡仍然想著小說的情節，怎麼也集中不了。這實在是非常尷尬和遺憾的事情。

那麼，我們應該怎樣避免這種事情的發生呢？一個很好的方法就是要讓自己的書桌保持整潔，一些與學習無關的書籍、物品必須全部收起來，讓自己的桌面越簡單，使你分散注意力的機率就越小，你用於讀書的時間和精力就越多。

總之，挪出時間的方法有很多，但一定要注意這兩方面的原則：一是投入，只有投入，你才能想到要挪出時間，否則就算有時間你自己也不會把握住；二是養成挪出時間的習慣，前面我們已經說過，只要這種習慣一旦養成，那麼挪出時間將是一件自然而然的事，不需要自己提醒自己，或者需要外力的強迫。

名師點評：所謂「積少成多」，同學們如果能夠充分利用好這些日常生活中的瑣碎時間，一定會達到意想不到的效果。常言道：「一寸光陰一寸金，寸金難買寸光陰。」零星時間，也是寶貴的光陰。因此，同學們一定要學會將這些時間化零為整，進而提升自己的學習效率。

~~~~~~~~~~~~~~~~~~~~~~~~~~~~~

學生收穫：在我的學習計畫中，通常都比較重視零碎的時

間，比如利用等公車時間背公式、記英文單字、古詩詞等，並利用睡覺前的時間複習當天學習的內容，這樣就會使自己的每一天都在充實和快樂的學習中度過，並且大大提升了學習效率，根本不用發愁怎樣應付考試的問題。

***

家長策略：父母一定要在家庭中營造良好的學習氛圍，只有這樣，才能使這種學習的氛圍潛移默化地影響著孩子的思維，使他養成關於利用時間，合理分配時間的習慣。

07 提高效率
不做「夜貓子」

    細心的同學可能已經發現，你身邊的同學有著各式各樣的類型。有的人喜歡早晨的時間，因為處於這個時段時他的思維是最為敏捷的，記憶東西也是最快速的，往往早晨的一個小時，比晚上兩個小時學的東西還要多。我們將這種類型的同學稱為「百靈鳥」型。有的人喜歡秉燭夜戰，也就是我們所說的「夜貓子」。他們在晚上或深夜的時候，思維特別的靈活，寫文章時往往也能夠達到一揮而就的效果，但這種類型的人早上通常起床比較晚，白天的情緒也比較低。我們將這種類型的同學稱之為「貓頭鷹」型。還有一種比較普遍的類型是兩者兼有，這種類型的同學通常適應能力比較強，他們可以一直讀書到深夜，也可以很早就從床上爬起來繼續讀書，唯一的缺點是往往休息沒有一定的規律，需要注意調整以保持良好的狀態。

    那麼，你又是屬於哪一種類型的呢？根據自己的類型，你又該採取什麼樣的學習方法呢？其實，不管是屬於哪種類型的同學，都有各自的優點和缺點。但從應付考試的角度去看待，「貓頭鷹」型的同學是比較被動的，雖然這種類型的同學在晚上讀書

時比較投入，思維也非常的清晰和敏捷，但一到白天卻總是提不起精神，使大腦處於休眠狀態，這對於應付考試是非常不利的。原因很簡單，那就是因為所有的考試都是在白天進行的，如果這個時候你的大腦沒有處於興奮的狀態，面對試卷上的那一大堆題目將會讓你感到力不從心，除了冒冷汗，好像沒有其他更好的辦法了，這是非常可惜的。

另外，一些「貓頭鷹」型的同學，通常休息時間都不夠，因為每天都熬夜到很晚才睡覺，早上又不得不早早地從床上爬起來到學校上課。長此下去，由於長時間休息不夠，將會造成身體素質逐漸下降，當你感到體力不支時，那就連熬夜的機會也沒有了。

因此，身為中學生，最好還是不要當「夜貓子」，不管是從讀書的角度去考慮，還是為了保持身體健康著想，都應該如此。那麼，對於一些已經養成這種習慣的同學，應該怎樣改過來呢？如果強迫自己早點上床睡覺，顯然不合規律，往往還會造成失眠，更加影響睡眠品質。最好的辦法是逐步的減少熬夜時間，比如你以前是每天晚上十二點鐘上床睡覺，那麼從今天開始你可以提前十分鐘上床睡覺，保持一個星期後再改成提前二十分鐘上床睡覺，依此下去，過一段時間之後，你的作息時間就會慢慢地調整成正常的規律了。

如果你改變了作息時間後，無法正常地入睡，不妨先起床洗個熱水澡、喝杯溫牛奶，或做些輕緩的運動，特別是腳部的運動，都會使失眠情況有所好轉。但盡量不要嘗試使用藥物助眠，因為一旦使用這些藥物後容易造成身體對這些藥物的依賴，也可能會導致焦慮、噁心、虛弱、發燒等副作用。

　　名師點評：身為中學生，一定要將作息時間調整到與考試時間同步，將生理時鐘調整到正常情況下，保持考試時有一個最佳的心理和生理狀態。而且，只要養成習慣，白天學習效率通常比較高。所以我們從來不提倡學生熬夜，因為這對提升學習效率和應付考試並沒有什麼好處。

~~~~~~

　　學生收穫：剛開始一直以為自己只適合在夜深人靜時學習效率最好，但後來考試時卻屢屢吃虧，原因是自己在白天的學習效率一直不高。後來經過主動調整，終於讓自己逐漸在白天的學習過程中找到感覺，而且也保持了良好的狀態。

~~~~~~

　　家長策略：父母晚上要提醒孩子早點上床睡覺，尤其考試前，要督促他們儘快調整好自己的作息時間，不能再熬夜，以確保在考場上擁有充沛的精力。

08 資料選擇
怎一個「精」字了得

　　每次面臨一些比較大型的考試時，我們首先要面對的就是各式各樣的複習資料。那麼，面對書桌上堆得跟小山似的複習資料，你能全部看得完嗎？如果不能，你又該如何選擇呢？

　　在選擇複習資料和參考書的時候，有一個很簡單和非常實用的方法，那就是掌握一字「精」字，所謂資料不在多，能「精」則靈。

　　一般情況下，國中基測或大學指考等大型考試的複習可分為三個階段，而這三個階段應該選用三種不同的資料，即：在複習的第一階段，應該選擇那些考點講解類和分單元練習的參考書，以建構和鞏固自己的知識體系；第二階段應該選擇專題訓練性質的參考書，以找出在第一階段複習後，自己知識體系中仍然存在的漏洞，並加以彌補；第三個階段應該選擇一些模擬試題，以達到熟悉考試題型，進入臨考狀態的效果。

　　那麼，在選擇資料的時候，怎樣才能做到少而精呢？

1、參考老師的建議

之所以要參考老師的建議，是因為老師在教學上已經具備了豐富的經驗，通常比較瞭解更全面的資訊。而且，身為老師，他應該比較瞭解你目前處於什麼樣的水準，老師可以幫助你根據自身的不足進行查漏補缺。另外，在輔導書和練習題的選擇上要注重基礎知識，並透過專題複習，瞭解各個知識點的測試範圍和重點、難點的分佈情況，熟悉各個知識點的測試內容和常見題型，以及試卷的結構、題型等。

2、根據自己的水準選擇

如果你要選購輔導資料時，要根據自身的實際水準和學習情況來調整，如果基礎知識還沒有複習完，就可以選一兩本練習起來比較順手的參考書先做做看。如果你的學習能力比較強，成績也比較凸顯，選購資料時也最好不超過五種，因為這個時候，你看參考書的目的只有一個，那就是多看一些重點和難點，熟悉它們的命題思路，提升自己解決難題的能力。另外，你也可以不購買參考書，而是直接到書店去，翻閱各類參考書的難題部分，遇到精彩的題目，做一下簡單紀錄即可。

3、注重參考書的品牌

參考書的品牌很重要，因為目前參考書市場可謂熱鬧非凡，而且種類繁多，品質良莠不齊，如果你不小心選購了那些品質比較差或者盜版的參考書，浪費錢財不說，耽誤了自己的複習進度那就很難挽救了。因此，在選購參考書的時候，除了看書名和出版社，還要關注所選的參考書是否已經形成品牌，更要注意翻閱書的內容。另外，還需注意以下幾點：一是不要選擇一個名師任主編、下設許多編委的參考書，這類書的品質往往名不副實；二是看是否是在近期或是上一年國中基測（大學指考）之後出版的參考書，從這點可以知道該書是否能結合上一年國中基測（大學指考）的特點，準確地分析目前考試命題的趨勢；三是在書店買書時，要挑選那些擺在最明顯位置的參考書，因為這些書往往是新出版的參考書或是品牌的參考書。

名師點評：選擇複習資料時，對老師來說，應該是多多益善，對學生來說，則應該少而精為好。因為，對老師而言，應該從眾多的資料中進行篩選、精選，然後推薦給學生；對學生而言，因為精力有限，再加上所學的科目比較多，任務比較重，所以對資料的選擇必須要精，否則就會浪費很多時間。

〜〜〜〜〜〜〜〜〜〜〜〜〜〜〜〜〜〜〜〜〜〜〜〜〜〜〜

學生收穫：我在選購複習資料時，從來不以多為主，也不以自己擁有多少資料為榮，而是以「精」為主。主要是選擇那些題型比較有代表性和典型性的參考書，並在做題的過程中善於總結題型的特點、解題規律等，使自己能夠觸類旁通，舉一反三。可謂精益求精，為我所用，怎一個「爽」字了得！

〜〜〜〜〜〜〜〜〜〜〜〜〜〜〜〜〜〜〜〜〜〜〜〜〜〜〜

家長策略：父母不要過分看重參考書和參考資料的作用，更切忌讓孩子以輔導資料、複習資料和試題練習來代替基礎知識的複習，以避免讓孩子陷入「題海戰術」的困境，這樣一來往往會把孩子弄得疲憊不堪且收穫不大。

09 打好根基
掌握好基礎知識

　　目前，不管是國中基測還是大學指考，基礎知識和基本技能依然是測試的主要內容，但知識範圍的廣度和深度已經逐漸拓寬和加深，而且也打破了傳統的重點、難點知識的劃分。許多題目所涉及的知識源於課本，又高於課本。

　　因此，我們在複習時，千萬不要放過課本，而且應該把課本當做重中之重。因為這是複習的基礎，也是試題的出題之源，複習課本上的知識時，要做到全心地投入、細心地體會，也要講求輕重詳略，對於一些常用的、熟悉的知識點簡單地看一遍，理一下思路，加深一下印象即可；對於重要知識點，課本標註和一些不好弄明白的內容要抓緊時間鞏固加強。只要你把課本的基礎知識和所有的原理、公式等理解透徹了，就不用擔心出題者是怎麼出題的，只要他出題的範圍是教學計畫之中的，你就應該有十足的把握。還有一點需要注意的是，我們在複習中千萬不要沉溺於做偏題和怪題，這是很多同學複習時經常犯的錯誤，應該盡量避免。

此外，在複習的過程中，應該盡量避免對基礎知識進行機械式的閱讀和背誦，而是要善於積極思考，學會用轉換思維方式去發現新的問題。常言道：「萬變不離其宗。」只要你抓住了源頭，抓住了根基，並靈活運用自己的大腦和思維，那麼再難的題目你也能夠找到突破口，而一旦找到突破口，一些問題往往就會迎刃而解。因為，再難的題目也無非是基礎知識的綜合或變式而已。只要你在複習中對一些基礎知識進行反覆地閱讀、理解、聯想、比對和遷移等各方面的練習，就能夠在解答一些高難度試題時輕易地聯想起那些似曾相識的知識，進而使自己順利的突破難關！

名師點評：讓學生去記憶一些概念並不難，難的是怎麼能夠充分地理解這些概念的內涵、外延、變化及與其他知識的關聯，並能夠運用語言表達出來。而對於理科，則要弄清基礎知識的形成和「來龍去脈」，並能夠靈活運用自己所掌握的知識去解決一些實際的問題，真正做到「學以致用」。

～～～～～～～～～～～～～～～～～～～～～～～～～～

　　學生收穫：在平常的複習中，我都比較注意在理解基礎知識的前提下學會融會貫通，比如採用歸類法，對知識點進行必要的歸類整理，這樣，複習所取得的效果就非常的明顯。

～～～～～～～～～～～～～～～～～～～～～～～～～～

　　家長策略：父母平時可以引導孩子運用自己所學過的知識去解決一些實際問題，養成他靈活運用的習慣。另外，孩子在複習時，如果父母自身水準比較不錯，可以引導孩子靈活運用基礎知識，經常進行發散思維訓練，這樣可以讓孩子在考場上發揮得更出色。

10 各個擊破
如何突破不同的難點

　　各個擊破最早應用於戰爭當中的戰術策略，指的是針對敵方防範比較鬆弛或者兵力比較薄弱的環節，集合我軍之主力，採取集中殲滅，各個擊破，最終達到勝利的目的。在古今中外的戰爭史上，採用各個擊破的戰術而最終取得戰爭的決定性勝利或者以弱勝強的例子有很多，遠的不說，就拿近代的抗日戰爭為例，國共兩黨透過密切合作，採取各個擊破的作戰方式，最終迫使實力強大的日本軍無條件接受投降。

　　在學習上，我們同樣可以採取各個擊破的複習技巧，以實現在考場上大獲全勝的目標。我們都知道，想要在考試中獲得全勝，就要把自己培養成全才的「智多星」。不管你偏了哪一科，都會使你的綜合實力大大地降低，因為目前我國最需要的是綜合型的人才，因此考試時測試的也是你的綜合實力，只有綜合實力提升了，你才能夠具備成為考場上「常勝將軍」的前提條件。而各個擊破的複習戰術，就是一個不斷磨練你的毅力和提升綜合實力的過程。

或許你覺得複習弱勢科目是一件吃力不討好的事情，或許你覺得把時間花在複習弱勢科目上是一種浪費，或許你現在已經打算放棄那些弱勢科目了。但是，你知道嗎？你的那些強勢科目，就算你付出再大的努力，投入再多的時間和精力，成績也不可能有很大的提升了。打個比方，如果你的那些強勢科目目前成績基本保持在90分左右，那麼就算你再努力也是很難達到100分的，就算真的達到了，你所能提升的分數最多也只有10分。但對於弱勢科目就不一樣了，比如你現在的某一科目成績只在50分左右徘徊，但如果你經過努力，再加上正確的學習方法，想讓分數達到80分左右應該是沒有問題的。這是一個很簡單的道理，而且也是經過很多同學進行實踐，證明這是一種能夠提升綜合成績的學習策略。

　　很多同學都害怕去學習自己的弱勢科目，其實，所謂的弱勢科目對你來說也並不難，而是興趣的問題，只要培養自己對這一科目的興趣，害怕自然就消失了，著名的發明家愛迪生曾說過：「去做害怕的事情，害怕自然就會消失了。」而害怕的消失就意味著你可以培養自己對這一科目的興趣了。我們所說的各個擊破，從策略上來講就是培養自己對弱勢科目的興趣，進而採取集中精力進行突破的一種戰術。

　　當然，我們所說的各個擊破也只是一種相對的複習策略，在總體的複習中，你仍然需要對各個科目進行交替複習，均衡練習，既要保持優勢科目的成績，又要提升弱勢科目的成績。只有這樣才能建構起堅固的攻守戰略，可謂進能攻，退能守，讓你在學習上佔據著主動的位置。

　　名師點評：在日常的學習中，能夠做到瞭解自己並不難，難的是對自己進行突破，所謂突破就是扭轉自己弱勢科目的位置。很多同學往往對自己的弱勢科目置之不理，甚至乾脆放棄。其實，一些弱勢科目經過自己的努力，成績提升是相當快的，因為不管考哪一門科目，基礎知識都佔有相當大的比重，而這些基礎知識只要你在學習中稍微用點心就可以掌握的。

學生收穫：我曾經對自己的弱勢科目很害怕，而且每次老師講解那些自己不喜歡的科目時，都會產生一種牴觸心理。為了改變自己的這種不利局面，後來閱讀了一些關於學習方法的文章，從中汲取了很多經驗，我開始對自己的弱勢科目有一個重新的理解，並在複習中採取各個擊破的方法，成績果然進步神速！

　　家長策略：孩子在學習中偏科嚴重是讓很多父母感到頭疼的問題。那麼，父母應該怎樣幫助孩子改變這種局面呢？最好的方法是先分析孩子對那些科目不感興趣的原因，然後再對症下藥，才能收到很好的效果。切忌勿在沒有弄清原因之前就對孩子進行責備或強迫孩子去看他自己不喜歡的科目。

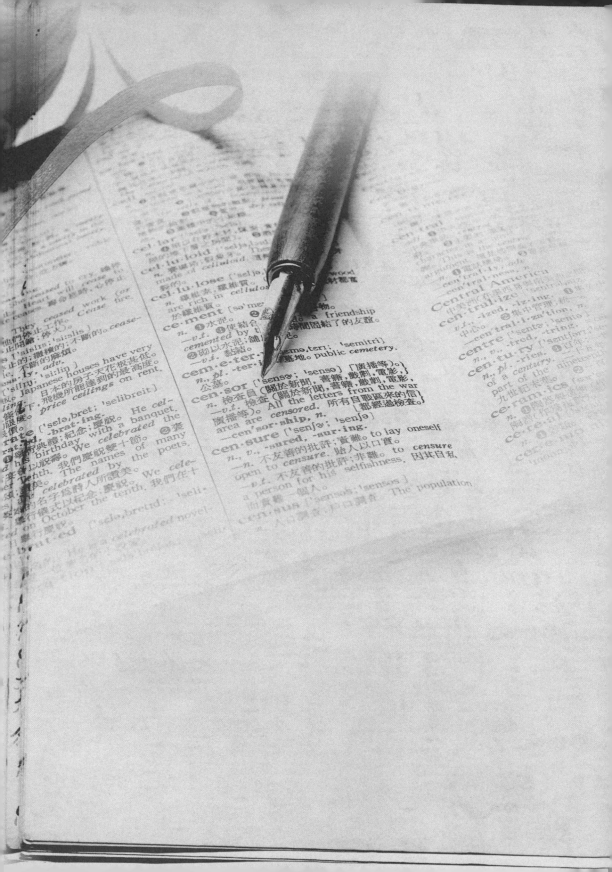

第二章 磨刀霍霍

複習策略

01 記憶妙招
如何培養更好的記憶力

很多同學認為記憶很神秘，而且是不可改變的。確實，記憶對人類而言有些神秘，因為它是經過一系列複雜的系統而形成的（至於這些系統的分類和功能，由於不在本書的主題範圍之內，故不對其進行介紹和說明，感興趣的同學可以去翻閱其他相關的專業書籍）。但是，記憶並非不可改變，因為透過採取相對的訓練方法和記憶技巧，大多數人的記憶都能夠得到很大的提升。

下面，我們主要針對在複習中需要記憶的內容，向大家介紹一些最為實用的記憶方法。相信透過對這些方法的訓練和運用，一定能夠讓你在複習中如虎添翼，輕鬆地應付大量需要記憶的知識。

1、信心記憶法

或許你會感到疑惑，信心也能成為記憶的方法嗎？當然能，而且這是決定你能記住多少知識的主觀因素。就像一個人能爆發出多少能量是取決於他的信心一樣，其實，這是很多人深有體會卻又經常忽略的問題。比如你要背誦一篇文言文或者記住20個英

文單字，如果你給自己規定一個期限，並且在這個期限內一定要背下來或者記住，那麼結果往往不會讓你感到失望。而如果你一點自信也沒有，那麼就算給你幾天的時間恐怕也是沒有用的。因此，不管是要記住什麼東西，首先要給自己自信，只要你長期的給自己這種心理暗示，你的記憶力就會越來越好。所以，請你一定要相信自己，你就不會感到失望。

2、情緒記憶法

情緒時常影響著我們的狀態，我們很難相信，如果一個人的情緒比較差時，他能夠擁有很好的記憶能力。這就是為什麼有些同學有時候成績比較好，有時候又成績平平的原因，由於情緒不穩定而導致成績忽上忽下的同學不在少數，而如果考試時正好碰上自己情緒低落期，在考場上自然就發揮得不好。因此，想要擁有良好的記憶能力，必須要讓自己保持良好的情緒。那麼，怎樣保持良好和穩定的情緒呢？首先是要克服患得患失的心理；其次是要克服急躁的心理；再次是要選擇良好的學習環境。只要能夠做到這些，你自然就會擁有舒坦的心境和平和的心態，自然就能夠大大的提升記憶力。

3、理解記憶法

理解記憶是我們平常最經常使用的方法了，而且也是屢試不爽的記憶方法。比如對於一些數、理、化的公式和那些拗口的文言文，如果你採取死記硬背的方法，就算你費了九牛二虎之力，但記憶的效果卻還是不理想。而如果你先對這些知識點進行理解，再嘗試去記憶，那麼，記憶的效果肯定就不一樣了，而且你理解得越透徹，就記得越牢固。

4、聯想記憶法

　　把許多零星的知識相互聯想起來進行記憶，叫做聯想記憶法。這種記憶方法通常用來記憶一些比較抽象的知識效果比較好，比如你要記住某個單字時，如果能聯想到它的反義詞、同義詞、與之相關的片語等，自然就會在腦海中形成一種深刻的印象，進而加深記憶效果。

5、趣味記憶法

　　所謂趣味記憶法，就是把那些需要記憶的資料中比較難記的內容或枯燥無味的知識編成歌謠、順口溜或諧音語等，使之讀起來朗朗上口，趣味十足。這樣，記憶的效率就可以大大地提升了。比如記憶歷史朝代時，可以把若干朝代的名稱編成朝代順序歌：夏商周秦西東漢，三國兩晉南北朝，隋唐五代北南宋，接著

便是元明清。

6、比較記憶法

所謂「有比較才能有鑑別」，如果你把兩個或多個需要記憶的知識點同時進行比較，或者透過列表使比較結果有順序地顯現出來。這種記憶方法可以讓你記得更加精確，而且對一些比較相似的知識點也不容易混淆，如國中代數中的指數式和對數式是兩個容易混淆的知識點，不但它們的讀法和寫法容易出錯，而且相同字母在兩個式中的名稱也容易混淆，你就可以列表進行比較，這樣就可以做到既省力又會使記憶效果更牢固得多。

7、簡化記憶法

把一些詳細的資料用簡化的方式來記憶，叫做簡化記憶法。運用簡化記憶法可以把一些複雜的知識經過自己的加工變得簡單化，同時有利於記憶。具體的做法是，在複習的過程中，用自己的語言簡要概括一些要記的內容，對記憶資料加以提煉、濃縮，抽出梗概、基本框架、具體內容等，以重點帶面地進行記憶。

8、重複記憶法

中國著名橋樑名師茅以升教授直到八十多歲時還能準確地

背出圓周率小數點後面一百位的數值，而他把記憶的訣竅歸之於「重複！重複！再重複！」由此可見，重複對於我們對一些知識進行記憶是十分重要的。我們都知道，在我們學習的過程中，遺忘是我們感到比較頭疼的問題，一些知識明明昨天已經背得比較熟練了，到了今天就只能記住一半了，而到了明天可能就連一半也沒有了。所以，克服遺忘的最好方法就是重複地對其進行記憶，一般而言，對已經記憶過的知識，需要再重複記憶兩三遍就可以了。

9、重點記憶法

所謂重點記憶法，就是抓住繁多的知識中某一知識點的要害部分，對其進行強化記憶，採取少而精的原則。這也是我們在複習中必須掌握的記憶方法，而且這種方法可以幫助我們避免在複習的過程中盲目亂抓的現象。這就是古人所說的「少則得，多則惑」的道理。

10、討論記憶法

討論記憶法指的是透過和同學進行討論而加深記憶的方法。可以兩個人或幾個人在一起，對記憶的資料展開討論或互相提問，而在這個過程中，就相當於在考前進行了有效的自測。既可

以對自己所掌握的知識進行自我測試，又可以加深自己一些重點知識的記憶，可謂是一舉兩得了。

　　名師點評：記憶是學習中比較重要的環節，只有擁有良好的記憶力，才能適應繁重的學習任務。因此，對記憶進行訓練便顯得十分必要，這些記憶方法是學生在學習和複習中必須掌握的，只要掌握了這些方法和技巧，再難記的知識也很難難倒我們的大腦。

~~~~~~

　　學生收穫：這些記憶方法可以說是我用來應付繁重的學習任務的武器，每次考前有些同學都顯得非常緊張，但我卻胸有成竹。因為我知道，考試的內容已經在我的大腦裡保存得差不多了。

~~~~~~

　　家長策略：以往很多家長在引導孩子進行記憶時，往往只知道死記硬背和理解記憶兩種方法。現在一下子看到這麼多的記憶方法，可謂是大開眼界了，可以鼓勵孩子大膽地進行嘗試了。但是，千萬不要忘了，方法是死的，孩子卻是活的喲，什麼樣的方法最適合您的孩子，只有孩子自己才是最清楚的。

02 抓關鍵點
濃縮精華找重點

　　每次國中基測、大學指考或期末考試即將來臨的時候，面對著厚厚的一堆複習資料，你是不是感到無奈呢？這個時候，想要仔細的把書本的內容全部看完是不可能的，更何況還有很多需要記憶的東西呢！因此，最好的辦法是將複習的資料進行濃縮，尋找重點和要點進行複習。那麼，怎樣才能做到在濃縮中找到重點和精華呢？

1、複習筆記

　　複習筆記無疑是一條很好的捷徑，因為筆記是你在課堂上記下來的一些精華，因此，複習時是絕對不能放過的。

2、從課本中的重點

　　課本上的重點有很多，比如定律、公式、敘述等，複習時可以把這些列出來，進行反覆複習，加深理解。另外，在課本中找重點還有如下幾種方法：

（1）看目錄。從目錄中我們可以清楚地看到課本中各章節的關聯都是以最簡潔、最精練的方式表達出來的。因此，從目錄中我們可以大致瞭解課本中的內容及重點，並順藤摸瓜地尋找下去，那些重點的知識自然就不會錯過了。

（2）注意文中「總之」、「換言之」等詞句和一些連接詞如「最後」、「於是」等相關的句子，因為這往往是本段或這一層意思的重點和精華。

（3）看課本中自己畫線的部分，因為畫線的部分是我們在學習的過程中發現的一些重點，或者是老師提醒的考點。因此，一定要進行重點的複習，加深理解和記憶。

3、濃縮複習的原則

（1）要有科學的體系。就是要把大量看起來是單一的、需要死記硬背或逐個理解的知識內容，有意識地歸併到某個知識體系中，從橫向、縱向形成有機聯繫，組成一條知識鏈。

（2）要抓住關鍵。在概括知識內容時，要抓住關鍵的知識點，前後聯繫，縱橫結合，起到提綱挈領的作用。濃縮複習並沒有固定模式，或列表式，或圖示式，可以因學科知識的特點和你

自身的學習特點自行創造。

名師點評：在複習當中，非常重要的一個環節就是從厚到薄、抓住關鍵的環節。這個環節主要凸顯在：理清線索、弄清思路、綜觀大勢、摒棄繁雜、立足核心、凸顯主線、便於記憶等，形成有利發散，使同學們在複習過程中形成科學的知識網路和能力結構。

學生收穫：濃縮複習法能夠讓我記住非常多而且有條理的重點知識，考試時常常能夠想起一個知識點，由此聯想到更多的知識點，並能夠做到把所有的知識都用一條清晰的線貫穿起來。這樣，考試時就不再害怕顧此失彼了。

家長策略：如果孩子在複習中，能夠很好地運用這種複習方法，父母自然就不用操心了；如果孩子還不會用，或者沒有意識到這種方法的重要性和可行性，父母可以將這種濃縮複習法的功效介紹給孩子，並引導他進行嘗試。隨著孩子經驗的逐漸累積，自然就能夠熟練運用了。

03 進三退二

「溫故」才能更好的「知新」

19世紀俄國著名的教育家烏申斯基認爲複習是學習之母。他形象地把學習中不注意鞏固知識的現象，比喻爲醉漢拉貨車，邊拉車、邊掉貨，最後到家時只剩下一輛空車了。這個比喻形象的說明了複習的重要性。這也和我國古代教育鼻祖孔子所提倡的「溫故而知新」相吻合。那麼，怎樣做到很好的「溫故」和「知新」呢？下面我們向大家推薦一種高效的複習方法──進三退二複習法。

顧名思義，進三退二的方法就是當你複習完三課後，就立即退回前兩課再進行複習；將第一課及第二課複習過後，再複習第四、五、六課；然後再退回兩課，先複習第三課及第四課；等複習了第三課及第四課之後，再繼續複習第七課、第八課及第九課，此時第五、六、七、八、九課還沒複習過，再退回兩課，複習了第五課及第六課之後，然後再複習新的內容。這樣反覆地進行複習，每課至少複習兩次，就可以做到既加深了印象且強化了記憶。雖然，這樣的複習過程看起來似乎比較複雜，但只要你養

成了習慣，運用起來就比較順手了。而且這種複習方法可以讓你不會錯過任何的重點。

　　或許有很多同學覺得用「進三退二」的方法進行複習速度太慢，擔心會複習不完，這就需要我們在複習的過程中善於抓住重點，提升複習效率。比如你第一次複習第一課花了一個小時的時間，那麼第二次再複習時只要花上二十分鐘左右就可以了，主要是重點複習第一次複習時自己著重做的記號等，抓住重點，快速進行提綱挈領式複習。另外，我們在複習的過程中也要善於進行積極的思考，並嘗試尋找其他的解題途徑或者其他相互關聯的知識點等。這樣你的大腦就會變得更加活躍，也記得更快了！

　　當你按照這個方法複習完後，如果時間允許，應該再進行一遍總複習，總複習的次數、時間因人而異，但最好在總複習中把那些「難點」找出來，當作新資料重新「回爐」，突破重點。

　　我們都知道，按照遺忘規律，通常間隔一個小時左右，所學的知識就會忘掉一半以上，隔一天，所學知識就會忘掉三分之二，等到一星期之後，所學的知識就只能記住百分之二十五左右，甚至會更少。而「進三退二」複習法就是針對這個遺忘規律而設計的複習方法，可以說是我們在複習過程中戰勝遺忘的法

寶。「進三退二」複習法提倡在較短的時間內即時地進行再度複習，目的在於趕在把知識忘掉之前把它全部記住。這種方法相較於從頭到尾進行複習更能提升複習的效率。

名師點評：「重複是複習和記憶之母」，這種進三退二複習法保障了學生能夠即時複習抵抗遺忘，符合人類學習過程中的記憶規律，而且有效地防止了一邊學習一邊遺忘的現象，起到了即時鞏固所學知識的效果。

學生收穫：這種複習方法，剛開始用的時候覺得非常的麻煩，但等到運用熟練後才發現確實效果非凡。它讓我對那些已經複習過但仍然有些生疏的知識記得更牢，而且如果在第一遍複習的時候已經掌握得差不多，第二遍重新溫習該內容時就可以利用關鍵字快速複習，既節省時間又記得比較牢固。

家長策略：家長一定要鼓勵孩子使用這種複習方法，雖然這種方法看起來很慢，而且似乎在後退，但父母應該知道「磨刀不誤砍柴功」這個道理。再者，你會明白這種「退步」本來就是「向前」的準備。

04 瀟灑地記
理解加背誦

大師說過，「成功需要99％的汗水加１％的天賦。」對於這句話，我們可以這樣解釋，那就是如果你沒有那１％的天賦，即便你流了99％的汗水也是枉然的。而事實上，我們每一個學生在學習上擁有的又豈止是1%的天賦呢？因此，我們可以斷定，只要你付出99％的汗水再加上正確的方法，你就沒有理由不會成為學習之王，也沒有理由不會成為考試高手，更沒有理由不成功。

在這裡，我們可以把學習中的理解當做「天賦」，把學習過程中的記憶當做「汗水」。有了天賦你才可以去理解需要學習的知識，流了汗水才能夠把需要理解的東西背誦下來。如果還沒有理解就盲目地背誦，那是死記硬背，即便能夠背誦下來，也保持不了多長時間就會忘掉了；而理解了卻不去背誦，卻可能什麼也沒能留住，等到考試的時候就只有乾著急的份了。最好的辦法就是把理解和背誦很好地結合起來，你才可以瀟灑地記住需要記憶的東西。

至於什麼是記憶，我們在前面已經說過，所以在此也毋須贅

言；而所謂理解，即是指對所要學習和記憶的知識能夠從本質上進行把握。理解就是能把學習過的內容用自己的語言方式表達出來，並能夠將這些新的知識和原先掌握的知識進行比對分析，融入自己原有的知識結構中。只要你對某些知識做到真正理解了，就算是把書本合起來，你也會發現理解了的好多東西都能很快地回想起來，但這也只是暫時性的，比如今天所學習的知識晚上還能勉強回想起來，但到了第二天就不一定能夠想起來了，再過幾天就可能什麼都不知道了。因此，這就需要你在理解的基礎上即時地進行複習和背誦，才能把這些已經理解了的知識迅速儲存到你的大腦裡，並能夠做到運用自如。

一般而言，背誦的方法主要有三種：分別叫做整體背書法、部分背書法和綜合背書法。整體背書法是先將要記憶的知識通篇閱讀，並重複閱讀，直到能背誦為止；部分背誦法是將要記憶的知識分成好幾段，再分開來一段一段地閱讀，分段背誦，最後再組合起來，全部背誦出來；綜合背書法是將整體背書法和部分背書法結合起來，先進行整體背誦再進行部分背誦，最後再進行整體背誦，直到能夠全部背出來為止。

名師點評：消化了的食物，人體更容易攝取，消化了的知識，大腦更容易吸收。因為在我們學習過程中，只有理解了的知

識，才能很好地消化，才能吸收為自己的東西。

～～～～～～～～～～～～～～～～～～～～～～～～

學生收穫：平時學習時，自己總是按照學習的進度，一邊理解一邊背誦。這樣，自己就能夠做到在理解的基礎上進行記憶，在記憶的過程中加深理解。

～～～～～～～～～～～～～～～～～～～～～～～～

家長策略：父母可以提醒孩子在上課時應該認真聽老師講課，主要是聽老師講解為主，要做到理解老師所講的內容，再利用課餘的時間對這些知識進行背誦，加強記憶。這就是讓孩子在合適的時間、合適的地點做合適的事情，才能夠真正的學有所得。

第三章 有備而戰

考前策略

01 先利其器
準備好考場必備的物品

　　一些考試的必備物品，在考試之前是必須準備好的，而且應該再檢查一下是否完好無損或能夠正常使用。有一些同學為了應付考試刻意去買一套全新的考試用品，這是大可不必的，一來這些考試用品只是考場上的「硬體」，只要準備完善即可；二來這個「硬體」並非等同於電腦的「硬體」，越新越好用，相反，由於新買來的考試物品還沒有用得順手，往往在考試的時候會給你造成很大的麻煩。

　　那麼，考試時應該準備好哪些物品呢？

1、必備武器

　　（1）准考證──這是你在考場上的「身分證」，只有擁有它，你才有資格進入考場，因此絕對不可遺忘。

　　（2）身分證（學生證）──如果你不小心把准考證弄丟了，那麼，身分證（學生證）將是你補辦臨時准考證的身分證明。因此，也必須要帶，同時準備幾張一、兩吋照片，以防萬

一。

（３）橡皮擦——最好買一些繪圖專用的橡皮擦，因爲這樣的橡皮擦用來擦答案卡時會擦得比較乾淨。千萬不要帶一塊又舊又髒的橡皮擦，因爲這樣反而會越擦越髒。

（４）2B鉛筆——準備兩支以上的2B鉛筆，而且要提前削好，不要到考場再削。另外，一定要使用品質過關的正規鉛筆，這樣可以保證在使用過程中做到萬無一失。

（５）鋼筆（原子筆）——鋼筆（原子筆）一定不要到考試的時候再去買新的，而是應該選用平時用得最順手的那支就好了。當然，要提前灌好墨水和檢查筆芯的墨水是否夠用，有必要的話可以多帶兩支。

（６）手錶——手錶是你在考場上靈活調整時間和掌控答題進度的法寶，因此也一定要帶上。在考試時，可將手錶拿下來放在桌角，使自己手腕可輕鬆移動。

（７）其他考試規定的必要物品。

2、選帶寶貝（根據考試制度而定）

（１）直尺、計算機。

（2）墊板。

（3）簡易藥品——防蚊液、胃藥、綠油精。

（4）紙巾。

（5）水或飲料。

名師點評：有句古話說得好：「工欲善其事，必先利其器。」因此，同學們在考前應該盡量做到萬事俱備，只要東風吹起，即可順利地揚帆起航，乘風破浪駛向成功的彼岸。

~~~~~~

學生收穫：每次考試前，我都是做到「兵馬未動，糧草先行」，在考試的前一天晚上就做好這些準備，而且所選用的考試物品也都是平常自己用得最順手的東西，這樣使用起來心裡就比較踏實了。

~~~~~~

家長策略：很多孩子有粗心的小毛病，往往在考試的當天才開始準備所需物品。由於比較著急，可能會導致漏掉一些關鍵物品。因此，父母可以主動提醒孩子，但最好不要太囉嗦，應該點到為止。

02 學會「釋放」
如何做好考前減壓

俗話說：「重賞之下，必有勇夫。」但如果是在重壓之下，那麼壓出來的可能就不是「勇夫」，而是「懦夫」了。雖然這個比喻有些誇張，但如果你是在壓力之下走向考場，就算你能夠憑著實力勉強應付考場上的難題，也很難做到將自己的水準發揮得淋漓盡致的。因此，我們必須學會自我釋放壓力，讓自己保持輕鬆的心態。

那麼，怎麼才能做到讓自己在考前保持放鬆的心態、平和的心境，進而讓自己處於備考的興奮狀態呢？

1、養成良好的生活習慣

養成良好的、有規律的生活習慣是自我進行調節的前提條件。比如，備考期間，應該堅持做到如下八項原則：

（1）平常在室內複習時要勤開窗戶，讓空氣流通。

（2）注意做好個人衛生，適當運動，增強免疫力。

（3）每天睡前要做到全身放鬆，包括心理和身體的放鬆。

（4）養成良好的作息規律，確保擁有足夠的睡眠。

（5）晚餐不要吃得太飽。

（6）晚飯後不要喝咖啡或濃茶。

（7）睡前要用熱水泡一下腳或用溫水淋浴。

（8）保持寢室的環境舒適，避免強光、噪音或過悶、過熱等。

2、放鬆技巧

放鬆有很多的技巧，下面的這些方法是比較常見的，也是比較適合中學生的放鬆技巧。因此，大家不妨一試。

（1）呼吸調節法：每次感到壓力加大、心情緊張時，做幾次深呼吸會使自己的緊張情緒有所緩解。

（2）遐想快樂法：首先讓自己閉上眼睛，想像自己認為最開心的事物，並做到把情景想像得栩栩如生，找到自己最快樂的感覺，使自己陶醉其中。這樣可以很快地消除緊張的心理。

（3）飲食減壓法：多吃一些新鮮蔬菜、水果、奶類、豆類或豆製品等食物，這樣可以讓自己的身體大量攝取維生素C。也可以經常吃些適量的魚、禽、蛋和瘦肉等，以保持均衡的營養。但千萬不要飲酒，也不要用飲料代替白開水。

（4）運動減壓法：考生在學習中的空檔時間可進行伸伸腰、踢踢腿、做做深呼吸等小活動，每日進行早鍛鍊或晚鍛鍊。

（5）過渡減壓法：在考試前的一個月時，逐漸減小學習強度和減少複習時間。這樣可以使自己的壓力得到逐漸的緩解，並可避免發生抑鬱不安、失落、心慌等不適的心理現象。

名師點評：考前的減壓工作非常必要，但這不僅僅是學生自己的事，同時也需要老師的引導和父母的幫助，以及同學之間的相互配合。才能夠共同創造良好的複習氛圍，並保持良好的心境和愉快的心情。

～～～～～～～～～～～～～～～～～～～～～～～～～～～

學生收穫：自己每次參加大型考試前的一段時間都會逐漸地減少複習的時間，讓自己有更多的休息時間。但在休息的過程中，還可以做一些比較簡單但有代表性的題目，這樣可以讓自己既放鬆，又保持適度的緊張，讓自己維持興奮的備考狀態。

家長策略：父母應該盡量為孩子營造一個良好而寬鬆的生活與學習氛圍，但不要對家庭的佈置進行過大的變化，以免引起孩子的不適感。父母主要做的是積極與孩子進行溝通，如傾聽孩子的傾訴、與孩子多聊天、尊重孩子的意願、多一些正面的鼓勵語言、以幽默的言語營造輕鬆和諧的氛圍等等。

03 對症下藥
製造適度的緊張氛圍

　　有很多同學在考試之前頗有一副胸有成竹的「大將之風」，雖然考試的日期已經逐漸逼近，自己卻一點臨考的緊張意識都沒有，這對考場上的發揮也是沒有太大的好處的。或許會有很多同學感到疑惑，很多人不是一直提倡考前放鬆嗎？怎麼自己一旦放鬆了反而又不好呢？

　　確實，緊張和放鬆本來就是一種矛盾，而讓你做到既緊張又放鬆似乎不太可能。然而，偏偏考試的時候就是需要這種既緊張又放鬆的狀態，因為只有這種狀態才能讓你的大腦保持一種良好的興奮度。其實，這個道理也非常的簡單，如果太過緊張，就會出現怯場、暈場的現象發生，對考試是百害而無一利的；但如果過於放鬆，往往會造成「大意失荊州」，過後才追悔莫及，這顯然對考試也不利。因此，最好維持儒家思想所提倡的那種「中庸之道」，即不偏不倚，只求適中，才是最好的狀態。

　　那麼，怎樣才能在備考中保持這種既緊張又放鬆的心態呢？以下三點你不妨試試：

1、對考試保持一定的好奇心

我們都知道，好奇心是我們學習的開始，好奇心讓我們學會了探索這個世界，讓我們瞭解了周圍的各種事物，也讓我們學會了與別人交往。同樣的道理，對考試保持一顆好奇心，可以讓你對考試保持一種興趣。比如你可以想像一下，考試成績公佈後，同學向你投以羨慕的目光，就算成績不是很理想，但和上次相比你已經有了不小的進步。如果你對自己比較自信，可以猜一猜考試要出的題目，盡量避免過於自負。

2、避免單調機械的複習方式

單調機械的複習方式容易讓自己對考試產生厭煩心理，因此，考試前要學會靈活變化複習的形式，比如自己編一份考題考考自己，自己給自己打分；朗誦一些需要背誦的知識，並錄製下來，然後重複播放給自己聽；還可以扮演老師，把所要記的東西講演出來。這些都有利於保持對複習和考試的新鮮感。

3、在顯眼處記下考試的倒數計時

這種方式可以準確地告訴你，只要今天一過完，距離考試就會少一天了。而且，當你每天修改倒數計時的時間時，就提醒自

己一次，時間就這樣悄悄地流走了。如果再不加緊複習，可能最後什麼也留不住。另外，還可以找一些鼓舞性比較強的口號或名言寫成條幅懸掛在牆上，讓自己每次複習之前默唸幾遍，以此來激發自己奮鬥的欲望。

專家點評：考前太緊張當然不行，而太過放鬆也不好，最好的狀態就是既要讓自己充分的放鬆，又要讓自己有一種緊迫感。這才是考試時所需要的最佳狀態。

～～～～～～～～～～～～～～～～～～～～～～～～～

學生收穫：在充分放鬆的基礎上，適當地放鬆可以讓自己的大腦保持興奮的狀態。而且這種緊張感可以讓自己保持謹慎的態度，確保在考場上做到萬無一失。

～～～～～～～～～～～～～～～～～～～～～～～～～

家長策略：父母要多和孩子進行溝通，並根據孩子的具體情況分析孩子考前不緊張的原因。然後再對症下藥，自然能夠收到預料之中的效果。

04 勘察考場
提前熟悉考場環境

提前勘察考場可以讓你儘快熟悉考場的環境，以及周邊的交通狀況，使你在考試當天處於主動的位置。

有的同學只知道刻苦用功，連看考場的時間也沒有，等到當天去考試時，才發現考場對自己來說確實太陌生了，而且環境也比較複雜。如果跑錯考場，或者是走錯教室，這樣就會大大影響到應考的情緒。因此，在考試的前一兩天，不管複習有多緊迫，也不管還有多少習題沒有複習完，也一定要抽出時間，親自去勘察一下考場。只要熟悉了，自然就會消除考試當天的緊張感了。

那麼，勘察考場究竟要注意哪些方面呢？以下幾方面是同學們勘察考場時應該著重勘察的項目，以確保考試當天的順利：

（1）從住處到考場的交通路線。考試當天，由於很多考生由四面八方湧向考場，所以交通一定會非常的擁擠。因此，我們應該提前找出一條從住宿處到考場最通暢、最便捷的路線，避免因交通堵塞或人群擁擠而影響考試的心情。同時應預計好走這條

路線所需的時間，考試當天最好提早二十至三十分鐘出發爲宜。

（2）察看考場的位置及地理環境。對於陌生的考場，應該儘快熟悉一下考場的位置及地理環境。有空時，可在校園和走廊隨便走走，熟悉校園中的景物，減少陌生感。

（3）察看考試的教室及自己的座位。同學們可以依據准考證的號碼，察看自己分配到哪間教室、哪個座位，最好在自己要考試的那個位置上坐個兩三分鐘，熟悉那裡的感覺。再動一下桌椅，看看座位有沒有什麼問題，如果有問題，及早請負責單位更換或處理。

（4）察看考場服務處和醫護室的位置。考場服務處的作用是協助和處理同學們遇到的一些問題。因此，如果你事先知道考場服務處的所在位置，一旦出現一些突發情況，就可以即時請求幫助。如果在考前和考場中出現身體不適的症狀，也可以迅速找到醫護室，並請醫護人員做緊急處理。

（5）察看廁所和休息區的位置。察看距離自己考試教室最近幾間廁所的相對位置，才不會在考試時花太多的休息時間尋找廁所。而中午的休息時間，在哪裡休息比較安靜，又可以複習一下下午要考試的科目，這些都是事先應該計畫好的。而且要做好

一旦這些地方被別人事先佔據，自己又該做何打算的準備。

（6）察看中午用餐的地方。午休時間要在哪裡用餐，也是要事先規劃好的，可以找一些離考場有一段距離又比較安靜的用餐地方。盡量避免去那些離考場比較近的地方用餐，因為那裡通常人很多，比較嘈雜，因此應該避開。

名師點評：如果你已經複習好了，並充滿自信，那麼，在考場上就沒有什麼可怕的了。只是在進入考場前一定要注意一些細節，因為這些細節如果沒有處理好，可能會給你造成很大的麻煩。

~~~~~~

學生收穫：每次要參加大型考試時，我都必須提前去勘察一下考場，因為熟悉一個陌生的考場，通常可以使自身實力在一種類似常態的情況下得到更好的發揮。

~~~~~~

家長策略：父母不管有多忙，一定要親自陪孩子一起到考場實地勘察一下，這樣可以起到讓孩子吃下「定心丸」的作用。

05 遠離病痛
關鍵時刻不能掉以輕心

考試日期逐漸逼近，而你卻不小心生了病，該怎麼辦呢？如果不好好防治，那麼你所付出的努力往往就會付諸東流了，這是非常遺憾的。因此，我們在這裡有必要給大家介紹一些常見的「考試病」，只要你在學習的過程中稍微注意，即可避免或者順利地治療。

1、感冒

感冒雖然不是什麼大病，但對你的影響卻是相當大的，它會讓你感到渾身乏力，導致沒有心思放在複習上。一般而言，感冒是由於天氣變化頻繁，晝夜溫差也較大而造成的呼吸道感染，再加上如果你複習時過於疲勞，就會使症狀變得比較明顯。

解決的辦法是，首先要降低學習強度，多注意休息，再口服一些醫生開的感冒藥、止咳糖漿等，平時用淡鹽水漱口，多喝白開水，一般情況下，三天之內即可痊癒。另外，口服的感冒藥最好不是那些在白天會引起嗜睡的感冒藥，而應該是那些白天和黑夜分開的藥。

2、腹瀉

腹瀉的原因有很多種，但不注意飲食衛生卻是最主要的原因之一。因此，預防腹瀉首先要注意飲食衛生，尤其是天氣熱時，千萬不要食用一些變質的食物。

一般來說，普通腹瀉只需注意補充水分，適量服用止瀉藥，相關抗生素以及有抑菌、收斂腸道作用的黃蓮素即可。但如果出現頻繁嘔吐、口乾、頭暈、心悸、出汗、持續腹痛超過6小時等，就有必要到醫院就診了。

3、頭痛

由於感冒和高血壓或者是學習強度太大造成的精神過度緊張、用腦過度引起血管痙攣等原因都會導致頭痛，嚴重時兩側太陽穴部位常常會有間歇性疼痛。解決的辦法是首先要讓自己多注意休息，再服用適當的止痛藥，即可止痛。

4、眼部不適

如果你用眼過度往往會造成眼睛周圍酸痛和出現不適感。雖然這種不適感並非什麼病，但時間一長自然會引發比較嚴重的症狀。因此，也不可小看，平時可準備一小瓶有舒緩作用的眼藥

水，定時對眼睛進行保養，在保養的過程中應注意防止污染。此外，平常在複習時，應注意用眼衛生，不要在強光下看書、寫字。同時要學會科學地「鍛鍊」眼睛，定時放鬆眼睛，可以用遠望、閉目養神、做眼睛保健操等方法緩解眼部疲勞。

名師點評：在複習備考的過程中，同學們一定要注意進行適當的運動，勞逸結合，保持擁有一個健康的身體，才能減少被病症侵擾的機率。如果不小心罹患了考前疾病，應即時診斷治療，要帶著一個健康的身體走向考場。

~~~~~~

學生收穫：自己曾經因為不小心而罹患了一些「考試病」，幸好在老師和父母的開導下，即時穩定住了情緒，然後開始配合治療，勞逸結合，很快地這些不適的症狀就消失了。

~~~~~~

家長策略：父母應該為孩子營造輕鬆的家庭氛圍，使孩子放學後一到家裡就感到非常的放鬆。另外，要為孩子安排好一日三餐，既要可口又要衛生，才能確保孩子擁有一個健康的身體。一旦孩子不小心得了這些「考試病」，千萬不要慌張，一定要先弄清原因，再對症下藥，症狀自然很快就會消失。

06 攻守同盟
「考場急症」巧應對

在考場上往往會出現一些「急症」，而且這些「急症」的出現往往會給你造成極大的麻煩，輕則會擾亂你的答題思維，使你的情緒變得惡劣，重則會使你不得不中斷考試。當然，這種「急症」出現的機率很小，但不怕一萬，只怕萬一，因此不得不防。

1、暈場

暈場的主要原因有：

（1）飲食不可口，食量過小造成低血糖。

（2）天氣悶熱，出汗較多，體內電解質紊亂。

（3）考場空氣流通不暢，腦缺氧。

（4）考場環境複雜造成過度緊張，心理恐懼。

由於上述原因會造成臨場出現心慌、出冷汗、頭暈、噁心、全身無力、眼前發黑等「暈場」症狀。

解決辦法：

停止作答，可閉目靜坐，做深呼吸3～10次，或伏在桌子上冷靜片刻，盡量使自己放鬆，驅除緊張情緒。如感到眩暈，這是大腦供血不足的表現，可在監考人員的幫助下，選擇適當的場所，頭低腳高仰臥幾分鐘，保持大腦供血或服些藥品。若病情較重，可在監考人員的陪護下或到醫務室緊急處理，爭取儘快回來繼續考試。

2、應激性思維混亂

考場上，有的同學一打開考卷，腦子裡就會變得一片空白或一團亂，並出現臉色蒼白、出冷汗、手顫抖、頭昏眼花等現象。這是由於精神過於緊張引起的應激反應和心理障礙。

解決辦法：

考前應放下包袱，輕裝上陣，以平常心去應考，在考場上發生此症狀時，首先不要著急，可閉目沉思幾分鐘和做幾個深呼吸。答題時從最容易的題目開始，等你做完幾道題後，自然就會信心大增，恢復正常。

3、中暑

中暑的主要症狀爲：心情煩躁、疲乏無力、頭暈、出大汗、噁心欲吐、四肢發麻，嚴重時會出現抽搐、休克、昏厥。

解決辦法：

考前充分休息，並準備一些十滴水、藿香正氣水等簡單的藥物；如發現這些症狀時，應即時向監考人員報告情況，避免發生嚴重後果。

4、低血糖

由於考試的時候，大腦活動所需的能量比平常要多得多，而這些能量主要來自血糖不斷供應。如果你平常經常厭食，不吃早餐或吃得很少，往往就會造成低血糖。其症狀主要表現爲：心慌、出大汗、臉色蒼白、虛脫，嚴重時會產生意識障礙。

解決辦法：

平常一定要注意飲食量，不偏食，保持營養均衡，而且一定要吃早餐，絕不可空腹進考場。

名師點評：考生平時應該多瞭解一些考場急症的症狀和應急措施，並在做好預防的情況下，堅信自己能夠順利地透過考

試，使心情保持放鬆，不要過於緊張。一旦發生這些考場急症，千萬不要著急，要做到沉著、冷靜地進行處理。

～～～～～～～～～～～～～～～～～～～～～～～～～～～～

學生收穫：我在考試前把所有可能發生的情況都考慮到了，而且也帶了一些應急藥，心裡就踏實多了。因此，每次不管面對什麼樣的考試，自己都能夠應付自如，順利完成。

～～～～～～～～～～～～～～～～～～～～～～～～～～～～

家長策略：父母在孩子參加考試前要積極地瞭解各種考場「急症」的預防及應急藥品，並針對孩子的具體情況準備一些藥品。但要告訴孩子，準備藥品只是預防萬一，用不上可以幫助別人。千萬不要弄得緊張兮兮的樣子，這樣會給孩子增加很大的心理負擔。

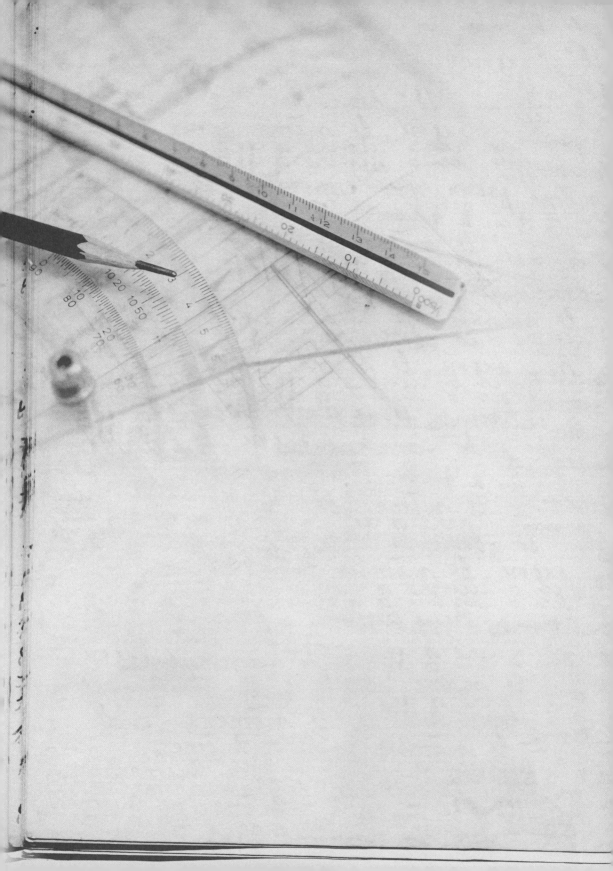

第四章 出師告捷

考場應對全攻略

01 禁忌種種
考場中絕對不能犯的「錯誤」

我們都知道，遊戲尚且有遊戲的規則，一旦你不遵守這個遊戲規則，你就會被排除出這個遊戲之外，更何況是正規的考試呢！規則自然是比較多，而且也比較嚴格的，一旦你違反了這些規則，就不像被排除出遊戲之外這麼簡單了，你平常的辛苦付出和努力往往會因為你不小心「觸犯」了考試規則而付諸東流。

下面的這些考場錯誤是你必須杜絕的：

（1）不遵守考場紀律，帶一些違禁的物品進入考場。

（2）不認真規矩地答題，用鉛筆做題，把字跡寫出答案卷的密封線之外，在答案卷、答案卡其他地方留下標記等。

（3）拿到考卷後立即答題。

（4）在考試過程中旁窺、交頭接耳、互打暗號或者手勢。

（5）在考場禁止的範圍內，喧嘩、吸菸或者實施其他影響考場秩序的行為。

（6）未經監考人員同意在考試過程中擅自離開考場。

考場上除了杜絕上述的六點行為之外，還要注意以下這些規則：

考試時間結束的鐘響之後，要立即停筆，不能繼續答題，並將答案卡放在桌面上。不要急著離位，等監考人員收完答案卷發出指令後，再起立、依次退出考場，不在考場逗留。

對於大型考試來說，更是「數年磨一劍」，因此「寶劍」出鞘時一定要避免觸犯考場禁忌。否則就會變成英雄氣短而飲恨考場了。

名師點評：考場紀律和考試規則是每個考生都必須要理解的，如果自己還有不太清楚的地方，就要在考試前認真閱讀教育部發佈的《國家教育考試違規處理辦法》，這裡面對考場違紀、作弊、擾亂秩序行為及其處罰等均做出了明確的規定。考生應當嚴格遵守，不要存僥倖心理。

學生收穫：考試之前我通常都會認真地閱讀教育部或學校發佈的考場紀律和考試規則。並嚴格遵守，因此避免了一些不必

要的錯誤，使考試變得非常的順利。

～～～～～～～～～～～～～～～～～～～～

　　家長點評：父母對這些考場的禁忌只要在考前對孩子進行必要的提醒即可，不要反覆地進行強調，以免引起孩子的厭煩心理，導致擾亂他的心境。

02 心理博弈
會「放」才會贏

　　在50年代，美國有一位著名的走鋼絲特技演員叫瓦倫達，他的一生曾經無數次成功地為別人表演過走鋼絲特技。但就在他要退出這個演藝圈而進行最後一次告別演出時，卻從鋼絲上掉下來摔死了。而摔下來的原因不在於他的技術出了問題，而是在於他的心理背負了一個沉重的包袱。以前走鋼絲時，他從不思前想後，只專注於腳下的每一步，而最後一次，他卻老在想：這是最後一次，千萬不能失敗。正是他這種患得患失的心理，讓他丟掉了性命。

　　那麼，即將走進考場的你，是否會有瓦倫達那樣的心理包袱呢？而你是否知道這是一個危險的信號？是的，這個包袱是我們在考場上失利的最主要原因，也是最直接的原因。那麼，這些包袱都是哪些呢？你該怎麼做才能把它們全部放下呢？

1、擔心功課沒有複習好的包袱

　　如果你在走進考場的瞬間，腦子還在想著自己還有哪些功

課沒有複習完，還有哪道題仍然沒有解出來，擔心這，焦慮那，帶著這樣的心態走上考場，結果是可想而知的。其實，我們都知道，考試的時候很難有人得到滿分，我們又何必為那一城一池而患得患失呢？因此，你所要做的，就是拋開那些沒有複習完的功課，換取把自己已經掌握的知識、已有的水準正常地發揮出來。那麼，成功就離你不遠了。

2、假想考試結果的包袱

有很多同學想像力真的很豐富，比如還沒有考試就開始想像著考試結束後會是一種什麼樣的情形。比如一些平時成績比較好的同學可能會想像自己的成績排在第幾名，其他同學會給自己投以羨慕的目光，老師為自己感到驕傲，父母為自己感到自豪，還有自己走到領獎臺上時響起的熱烈掌聲等等；而一些平時成績稍微差一點的同學，可能會想著自己這次的成績不知道要排在倒數第幾名，同學對自己的不屑一顧，老師對自己的冷眼看待，父母對自己的失望等等。要知道，你的這些想像，其實就是考場上最忌諱的包袱，其結果也只能讓你無謂地消耗精力，自然難以靜心面對考題，也根本沒有做到把心思放在答題上，其結果也是可想而知的。

因此，只要進了考場，就要讓自己做到心無雜念，如入「無人之地」，眼裡只有試題，腦子裡只想著怎樣答好題。

3、擔心上一科沒有考好的包袱

有些同學考完一科之後，覺得考得並不理想，而對此耿耿於懷，這也是考試之大忌。最好的辦法就是考一科「放」一科，不管考得怎樣都已經過去了，只有把全部的精力用來準備下一場考試才是最重要的。

另外，要放下心中的包袱，還可以採取以下的這些方法：

1.呼吸調節法：可以做幾次深呼吸或採用呼吸守點的方法。即雙眼只看一個固定目標，做深而均勻的呼吸，可以調整心率，進而使自己平靜下來。

2.愉快冥想法：閉目養神，回憶一件令自己十分愉快的往事，使自己超脫緊張的情緒。

3.自我暗示法：可用簡短、有力、肯定的語句反覆默唸，給自己積極、正面的暗示，如「我的能力很強」、「我一定會考好」、「我一定會勝利」等等。

當然，以上的這三種方法，在使用時，時間不宜過長，因為這只是應急的方法，如果佔據的時間過多，就會影響答題時間了。

名師點評：在考場上如果能夠做到「四心」（即保持「靜心」，增強「信心」，做題「專心」，檢查答案卷「細心」），即可保證你在考場上不會出現失誤，剩下的就是看平時你所累積的真功夫了。

～～～～～～～～～～～～～～～～～～～～～～～～～～

學生收穫：我通常在考前15分鐘左右進場，看一看教室佈置，熟悉一下陌生的環境，坐在座位上後，即讓自己儘快進入角色，不再考慮得失成敗。把全部的精力放到考試上，結果每次考試時都能夠發揮出自己的真正水準。

～～～～～～～～～～～～～～～～～～～～～～～～～～

家長策略：父母應告訴孩子，考試之前只要他已經認真複習了，真的盡力了，做到問心無愧了，就不用再去想像考試的結果，可以把結果放心地交給上帝。

03 運籌帷幄
答題過程的相關技巧

　　答題的過程一般來說有審題、思考、建構到解答過程四個活動，這是一個一氣呵成的過程，掌握以下的這些答題技巧，將使你在答題的過程中更加順利，同時可以減少一些不必要的失誤。

1、審題仔細，務求準確

　　審題是答題的前提，審題不準不全就會答錯答偏，可以說，審題時差之毫釐，答題時往往就會謬以千里。

　　那麼，審題應該從哪裡入手呢？首先就是理解題目條件和要求，抓住題幹中的關鍵字，瞭解答題的要求。事實上，很多題目的題幹中不僅含有知識要點，也暗含著對答題方向的提示，考生答題時如果充分依據這些提示，就不會出現理解和答題方向上的錯誤。其次，題幹上有關肯定與否定、程度的強與弱、範圍的大與小等關鍵字不能忽視，它有可能有助於你領悟到解答該題的方法過程或是正確思路。有許多題目可以有多種解題方法，特別是綜合類題目，答案卷要求用哪一種知識和方法來解決一定要看清楚；一些細節方面的要求也要看清楚，比如有些題目後面規定了答案的字數要求等等。

2、思考要慎，心思要密

尤其是對主觀性試題而言，要邊想邊答。因為考試時間有限，針對自己複習得到的內容，稍作思考，就可以直接在答案上作答，而不必打草稿只要要點回答出來，其順序是無關緊要的，通常改卷大都是採點給分。這樣的答法可以節省時間。而對於英文作文、國文作文等，還是要巧妙佈局，列個提綱再動筆較好一點。

3、建構全面，層次分明

對於一些主觀性試題，如果你答得很亂，那麼閱卷老師可能就沒有耐心去看你的答案卷。因此，回答問題時要按照試題要求的順序逐點回答，可分出（1）、（2）、（3）……，千萬不要東扯西扯，顛三倒四，也不要不分段落，不分前後地寫下來。而是要做到層次分明，讓閱卷老師一目了然。這樣，對於獲得有效分數是十分有利的。

4、答題要全，不留空白

不論是對主觀性試題還是對客觀性試題都要回答，即使沒有把握答對，就算猜也要作答。因為不答就沒有分，答錯了也不倒扣，而答對了或對主觀性試題答對了一部分都會獲得分數。只要自己想到的相關知識，都可以理清線索，按照重要到次要的順序

作答，即便是以全蓋偏也總比什麼都沒有答要好得多。另外，答題時還應注意字跡整潔，用詞恰當，表達清楚，才能給閱卷老師留下良好的印象，進而獲得加分。

答案卷答完後，不要急著交，應該抓緊時間再檢查一遍，主要檢查看有沒有漏掉和審錯的題目。對於一些已經答好的題目，如果又想起其他的答案，除非有十分的把握，否則不要改過來。

名師點評：理解題目條件和要求；回憶和重現有關知識；在知識和題目的要求之間建立知識結構；表達解題過程、呈現題目答案。這是考生答題的四大心理步驟，只要掌握好這四個步驟，你就能在答題時佔據主動了。

～～～～～～～～～～～～～～～～～～～～～～～～

學生收穫：這四個步驟在答題時是比較常用的，因為自己能夠將這四個答題的步驟巧妙地聯繫起來。所以答題的時候，只要是有把握的從來沒有出現過失誤，而對於那些一知半解的題目，則會透過慎重的思考逐漸找到解題的思路。

～～～～～～～～～～～～～～～～～～～～～～～～

家長策略：父母平時應該培養孩子做事時善於思考的習慣，並督促孩子把字練好，要知道一手漂亮的字體和整潔的答案卷會給閱卷老師留下良好的印象，進而爭取得到加分。

04 整體關照
拿到考卷後不要急於答題

　　拿到考卷後，有的同學比較急躁，一看到答案卷上自己會答的題目，拿起筆來匆匆忙忙地就填上。單從心態上來說，考場上這種急躁的行為本來就是一種過度緊張的表現，而這種過度緊張本來就是我們通常強調的考場禁忌。

　　那麼，拿到考卷後應該做的事是什麼呢？

　　（1）快速瀏覽一下答案卷，瞭解答案卷的全貌，使自己做到心中有數。瀏覽答案卷時，先看一下答案卷分成幾個部分、題量大致是多少、題型有什麼變化等等，還要看答案卷頁數是否齊全、題目印刷是否清晰、對解答有無文字障礙等等。另外，還應注意看卷首的答題注意事項。

　　（2）要快速瀏覽答案卷內容，整體查看一遍，比如國文的作文題、英文的閱讀題、數學的計算等等。這樣一來，就可以做到根據自己所掌握的知識與題目類型的對應情況，對大腦中記憶的知識提前做好提取的心理準備。並大致分析一下全卷各部分的

難易程度，對所需時間做大致預估，有一個合理的安排，做到心中有數，以便靈活作答各個題目，使自己在答題時掌握主動。

（3）要看清題目。比如數、理、化等學科要看清符號，英文要看清單字，國文要看清字詞。比如有的考生將國文答案卷的作文題目《父輩》當成《父親》，雖然只是一字之差，卻是離題萬里。這是非常可惜的。

（4）對答案卷做整體把握，這樣做在心理上會產生積極的作用，因爲通常來說考卷的結構、題型、題量與報名簡章是一致的，大家經過一段時間的模擬都已經非常熟悉了。當看到這些形

式完全與預料的一致時，自己的情緒就初步穩定下來了。反之，考前捨不得花一些時間閱讀，一開始就埋頭對具體題目作答思考，難免會出現時間分配不當、忙中出錯、顧此失彼的現象。

透過快速瀏覽，你就能夠對全卷從整體上有一個很好的把握，就像一位臨戰的將軍因為知己知彼而胸有成竹、勝券在握！

名師點評：考生看到答案卷時，如果特別注意對一個問題問的是什麼，很容易對問題的意思匆匆做出不正確的結論，因此不要一看到題目中的某個詞或片語就認定它是主題或問題，而盲目地下結論，這樣對答題是有害無益的。

學生收穫：通常情況下，我透過瀏覽一兩遍答案卷後，不僅胸中有全局，而且感覺考題似曾相識，情緒得到了穩定，也增強了信心。

家長策略：父母應該提醒孩子拿到考卷後，不管看到什麼樣的題目，都要做到沉著、冷靜、不急不躁、按部就班地進行答題。

05 精打細算
合理分配考試時間

　　考試如打仗，有戰略上的全局安排，也有戰術上的靈活運用。因此一定要採取「從戰略上藐視考題，從戰術上重視考題」的原則，沉著、冷靜地調整好應考心態，對有限的時間進行精打細算，做到充分利用，使其轉化為無限的價值，實現你在考場上的勝利。

　　分配考試時間是臨場發揮的一項重要內容。要做到很好的統籌安排時間，減少一些不必要的失誤。就應該先克服好以下的幾點：

　　（1）在考場上太過放鬆，不懂得抓緊時間答題。

　　（2）把大量的寶貴時間花在書寫美觀上，答題速度過慢。

　　（3）把大量時間耗費在糾纏難題上，導致一些簡單的題目沒時間作答。

　　（4）答題時只追求速度快，不講究品質，結果錯誤百出。

（5）答題時採取先鬆後緊的策略，最後發現時間不夠，只能慌忙作答。

要做到合理的分配答題時間，應該做到遵循以下原則：

（1）掌握「高效」的原則

考生在答題時要做到「量分給時」，分值大的題目多花些時間，分值小的題目少花些時間；一看就會做的先花時間，需要思考一下才能解答的題目應放在第二次作答時完成；難度很大或從未見過的題目，放在最後時間攻關。對於考場上被某個難題「粘」住後花了大量時間還沒眉目，則應趕快轉移兵力，把其他的題目先攻下來；最後有時間再集中精力主攻「堡壘」。

（2）掌握合理的時間分配原則

透過瀏覽全卷後，你應該已經大致瞭解試題的類型、數量、分值和難度等，進而再確定各題目相對的作答時間。比如：分值5分的試題平均允許用3.5分鐘，分值4分的試題平均允許用3分鐘，分值12分的試題平均允許用9分鐘。

當然，分配時間也要根據個人情況而定，如平時數學成績都很高又想拿高分的同學，可以注重選擇題和填空題，在4、5分

鐘，或者更快時間內完成作題，留出足夠的時間做後面的題目。

（3）掌握合理的取捨原則

在答題的過程中，要注意原來的時間安排，譬如，一道題你計畫用5分鐘，但5分鐘過後，仍然一點眉目也沒有，就應該果斷地跳過這道題；若接近成功，則可以適當的延長一點時間。答題過程中要常看手錶，調整答題速度，要在閱卷者能看清楚的基礎上，盡量加快寫字速度，給自己節約出更多的檢查時間。

需要特別說明的是，分配時間應服從於考試成功這一目的，靈活掌握時間，而不應該死守最初安排。要知道，考試時答題時間的安排只是大致的整體調度，沒有必要把時間精確到每小題或每秒鐘。並在時間安排上留出10-20分鐘的檢查時間，若題量較大，而你對自己作答的準確性較為放心的話，可以縮短檢查時間或不用檢查。另外，在回答問答題或是寫作文的時候，打草稿或腹稿一定要做到簡明扼要。

考場上的每一分鐘都會把你向預期的分數推近或拉遠一步，因此必須精打細算，讓考場上的時間轉化成你答案卷上的高分。

名師點評：考試時間分配一定要優化，每個人的學習程度

不同，因此答題習慣和時間安排也會不同，但都要遵循最優化分配的原則，要做到「量分給時」，爭取在有限的時間裡取得最高的分數。

～～～～～～～～～～～～～～～～～～～～～～～～～～～～～～

學生收穫：我在拿到答案卷後，通常會快速地按照答案卷的難易程度安排答題的順序、合理分配答題時間，然後有條不紊地進行答題，防止「先鬆後緊」和「答得快，錯得多」的情況發生。

～～～～～～～～～～～～～～～～～～～～～～～～～～～～～～

家長策略：父母應該培養孩子在平常的學習中講究效率、統籌安排的習慣，並提醒孩子在考試前的模擬訓練和真題演練中嚴格按照考試的時間長度來合理分配時間，讓孩子學會做時間的主人。

06 答題順序
從哪裡開始做題目

答題時有一個好的開頭，無疑會影響到後面的答題品質。比如，先答哪些題，後答哪些題，一定要順序安排得當，才有利於發揮自己的優勢，有利於真實地發揮出自己的實力，不至於在考場上留下過多的遺憾。那麼，我們應該從哪裡開始答題比較合適呢？

很多人會想到「先易後難」的解題順序，即先做容易的題目，再來做難度大一些的題目。這種做題順序對剛進入考場的考生來說十分適合，因為很多考生心情通常比較緊張，記憶、思維等尚未調整到最佳狀態，宜採用先易後難的答法，對於自己較有把握的題目可以先做，對於自己比較陌生的考題和較難的考題，可以暫時放棄。這種做法的優點主要有三點：一是解答容易題目通常較快，可騰出大量時間解答難題；二是能把該得分的題目全部拿到手，增加考分的累積；三是因為「順利」還會給自己增添信心，穩定情緒，使智力活動恢復正常，進而使自己的水準得到充分地發揮。

反之，會出現思維「卡殼」的現象，使自己有「開局不利」之感，進而加劇自己的情緒衝動，還會白白浪費掉做簡單題目的時間，失去能夠到手的分數。

　　當然，這種順序也會有「易漏題，費時間」的弊端，現在好多考題如大學指考題已經從「一題把關」變爲「多題把關」，不少解答題都設置了層次分明的「臺階」，往往是入口寬，下手易，但是深入難，解到底更難，因此看似容易的題目也絕不是送分題，感覺難度大的題目也有容易得分之處。所以，同學們拿到答案卷之後，切不可因考題太容易而大意，也沒有必要因考題太難而產生膽怯心理，而應做到冷靜分析，尋找突破點，盡量爭取多拿分數。

　　除了這種方法外還有其他幾種常用的方法，如從頭到尾法、先高分後低分法等，這些方法有各自獨特的特點，適用於不同的場合、不同的考生。

　　從頭到尾法雖有不易漏題的優點，適合粗心的考生和時間充足的考試，但也易使考生產生疲倦心理，如時間掌握不好，會失去最後的高分題。先高分後低分的做題順序可以保證高分題有足夠的時間，適合題量大、時間緊迫、善於做高難度題目的考生。

具體選用哪種做題順序，應該做到因人而異，量體裁衣，主要是看你自己的實際情況選擇最適合自己的答題順序。

　　名師點評：不管選用哪種答題順序，切莫沒有順序、沒有重點，一會兒從前向後做，一會兒從後向前做，這樣的答題方法往往使自己容易處於被動的局面。因此，一定要抓住答案卷中的重點，並做到把該得分的題目一個不落地全部拿下。

～～～～～～～～～～～～～～～～～～～～～～～～～～～～

　　學生收穫：我習慣先易後難，凡是會做的題目，力求第一遍就全部答對，這樣可以提高效率；第二遍時主要攻下一些難度較大的考題；最後再進行全面檢查，力求避免漏題現象。

～～～～～～～～～～～～～～～～～～～～～～～～～～～～

　　家長策略：父母應在日常生活中培養孩子做到分清重點和難點，並按照一定的順序進行處理。切忌東抓一塊，西扯一塊。

07 動筆之前
頭腦冷靜愼思考

所謂「欲速則不達」，如果你還沒有看清題目就匆忙作答，結果往往會答了一半才發現再也做不下去了。這時才想起來原來看錯題目了，只好塗掉，重新再做一遍。而有的考生甚至是費了九牛二虎之力，終於將題目解答出來了，等到交卷後才發現自己把題目看錯了，這時才追悔莫及。應該說，這種勞而無功的情況是比較普遍存在的。因此，同學們在答題之前，必須將題目的全部內容逐字看清楚，並進行冷靜的思考之後，方可作答。盡量避免還沒審好題就匆忙作答，結果造成「張冠李戴」或答到一半就無從下手的情況發生。因此，在考場上審題時一定要不斷地提醒自己穩一點、慢一點。

對於那些「似曾相識」的題目，也不可掉以輕心，更不能憑「想當然」作答。要將考題與平時做過的題目進行比對。看看是否有「細微末節」上的區別。如果有，應該抓住這個「區別」的關鍵點，做出正確的判斷，才能準確作答。因此認眞審題，對於答題是至關重要的。

　　另外，在遇到主觀題時，更應該讓頭腦保持冷靜，因為主觀性試題選材範圍比較廣，具有強烈的時代特徵，而且，主觀性試題很難在教材中找到現成的答案，這就要求考生提高分析歸納問題和對知識的整合能力，運用資料提供的資訊多層次、多角度分析問題，找出與教材的結合點，由淺到深、由易到難，分序號、分段落地進行解答。

　　經過「慎思考」後，就是「動筆快」了，既然已經在腦子裡有了清晰的思路，動起筆來就要緊緊抓住答題的思路。在這個過程中，答題時不要太隨意，以免丟三落四，導致想的和答的不一致。另外，「動筆快」也要保持答案卷的乾淨整潔，行文要規範

流暢，不亂勾亂畫，給閱卷老師留下清晰、美觀的好印象。

名師點評：下筆之前一定要謹慎審題，明白考題問的是什麼，要求的是什麼，給的條件有哪些等，並在心中先打好腹稿，安排好答題要點的先後順序，然後快速答題。

～～～～～～～～～～～～～～～～～～～～～～～～～～

學生收穫：在下筆之前，謹慎思考是非常必要的。而且在答題的過程中，如果用一個方法行不通，就要馬上考慮換另外一個方法，並把思路放寬，提醒自己用發散性思維來答題，即可取得意想不到的效果。

～～～～～～～～～～～～～～～～～～～～～～～～～～

家長策略：在孩子日常的學習中，父母應該主動培養孩子具有謹慎的心思，這樣比較有利於孩子在遇到問題時能夠善於進行思考。

08 尋回記憶
抓住考場中的「腦」與「心」

考場上你是否遇到過這種情景：平時記得很清楚的知識，在考場上卻怎麼也運用不上，有時候正努力從大腦中選出一個熟悉的或者相當明白的證據、概念、公式時，還未動筆，那即將呼之欲出的靈感和記憶卻突然消失了。身為考生，誰都不歡迎這種狀況出現，但還是有人一進考場，一些知識突然記不起來了。遇到這種狀況應該怎麼辦呢？應該怎樣做才能抓住考場中的「腦」與「心」？

考試時遇到這種情況通常是過於緊張的原因，只要一緊張，腦子可能就會一片空白，或者大腦裡雖然閃過一些似曾相識的知識，卻怎麼也運用不起來。碰到這種情況時，可以從以下幾個方面去尋找大腦中的記憶。

（1）讓頭腦保持放鬆。一定不要因此更加緊張，要保持鎮靜，要知道這是任何人在考試中都容易碰上的事。並運用深呼吸的方法，先慢吸氣，同時對自己說「放鬆」，再緩緩呼氣，在你完成緩慢呼吸時，再努力回憶這些知識，想一想這道題相關的知

識內容在書的哪一章節上，或筆記的哪裡，這一頁又有哪些知識？這樣在回憶中可能會想起要答的知識來。如果還是回想不起來，就應該暫時放下這道題目，標個記號，開始做別的題目。等到其他題目都做完之後再回過頭來做這道題目。這樣轉移一下注意力，鬆弛一下神經後，這些知識往往就會自然出現，讓你產生「山窮水盡疑無路，柳暗花明又一村」的驚喜。

（2）運用聯想法。聯想一些相關線索或資料，從周邊入手，由表及裡，尋找線索。不妨回憶老師在講課時的情景或自己的複習筆記，並努力回憶與此問有關的論據和概念，把回憶起的內容迅速記下來，然後，再從中挑出一些有用的資料或線索。如果你費盡心思，結果仍沒能從中找出任何關聯，則可以試著把自己想像成是出考題的老師，在自己的大腦中「看」（即想像）試題和答案，然後再仔細分析並捕捉其中的一些線索，或許就能從中得到啓發。

（3）利用其他相關的試題。在標準化考試中，可能會要求考生做大量試題，而後面的試題也許會給你提供某些線索，因此不要輕易放過這些線索，同時還可以有意識的進行搜索。當然，需要提醒的是，你在頭腦中要始終記住發生記憶堵塞的試題，如果在後面恰巧遇到了一個與之相關或有些聯繫的，就要仔細看其中是否有哪些東西能夠給你提供線索或得到一些啓發。

另外，需要注意的是，每當遇到這種記憶堵塞的情況時，如果你不假思索地亂寫一遍，以為填滿了考卷心裡就踏實些，這是最笨的一種做法。因為，如果你答非所問，寫得再多也是徒然的，而且一旦想起正確答案，考卷上卻已經沒有可寫的地方，豈不是更讓人遺憾？

　　名師點評：這三種方法是考生在考場上最常用和最有效的方法。其實，即便真的什麼都想不起來，還可以仔細的分析該題，並運用你所理解的知識進行解答，自然就能夠貼切主題，也會得到一定分數的。

～～～～～～～～～～～～～～～～～～～～～～～

　　學生收穫：遇到這種情況，最重要的就是要相信自己，相信自己已經複習得很好了，就一定能想回憶起來，這種記憶堵塞只是暫時的。實在想不起來，就先放下，只要不特意去想，往往就會想起來了，這就是記憶的奇妙之處。

～～～～～～～～～～～～～～～～～～～～～～～

　　家長策略：父母應提醒孩子在平日的學習和複習中加強預防，鼓勵孩子在考試前進行充分地、有規律地複習，熟練掌握基本知識，並做到運用自如，才能真正達到未雨綢繆。

09 慧眼破關
避免陷入題目陷阱

出題者通常都會顧及到不同層次的學生，而選擇一些更巧妙鑑別考生水準的題目，因此在題目中多半會拐彎抹角或是暗藏陷阱。你想要拿到高分，就必須跳過陷阱、破解機關，才能得以順利實現。

下面我們介紹的這些方法將幫助你練就一雙慧眼，巧破機關，只要你能夠用心體會，自然就不會陷入一些題目的陷阱了。

1、看好題目選好答案

注意題目中的否定詞和一些不好理解的詞。現在題目敘述越來越長，往往會讓你產生疲憊的心理。假如你看完題目看到選項（A）就選或看到最後的選項（D）就選，其他的選項都還沒看清楚；或者還沒有理解、深入挖掘題目中隱含的資訊就匆忙下筆作答，則容易「自投羅網」，誤入命題老師的圈套，要知道，題目越長，在答案中看似簡單的或者你看到的第一個答案越容易是錯誤的。因此，要看完每一個答案再做決定，不要輕易排除任何

一個答案，除非確信無疑那是錯誤的，否則有時候越是最先排除的答案越是正確的。

2、先看問題再看題目

對於一些閱讀題，要先看看後面的問題。並從問題中找到自己需要找尋的資訊，然後在閱讀過程中開始尋找正確的答案。如果讀後仍摸不著頭緒，就可以把答案代入問題中，結合自己的理解，換幾個角度來看答案，或用自己的語言重新敘述，看哪個答案最合適就選哪個答案。

3、審視答案

在一些答案項目中往往暗藏機關，比如在數學考試中最後一個答案有時候是其他三個答案的平均數。如果選擇項目中有兩個選項非常近似，那可能兩個都不是答案；如果兩個選項是相反的，其中一個可能就是正確的。還有要注意答案的表述，通常來說，太直截了當的答案常常不可靠，含「所有」、「總是」、「從不」或「絕不」之類的答案常常都是錯誤的，而含「有時候」、「可能」、「某些」之類的答案則有可能是正確的。如果兩部分（表述）都是對的，或者差不多對，那麼要注意它們的連接詞，防止並列關係被偷換成了因果關係；有時候，對一個問題

來說，最長的或者最複雜的答案通常是正確的，因為出題者被迫要加上限定性的子句或短語以使答案完整。

考試本來就是一場出題者和答題者之間鬥智鬥勇的遊戲。因此，如果能夠做到熟悉出題老師的招數，在考場上就越容易避開圈套，在遊戲中取勝。

名師點評：這些方法只是考場中的一些技巧，關鍵是要靠平時的累積，再加上在考試時進行認真、謹慎地分析，才能真正做到心中有數。

〰〰〰〰〰〰〰〰〰〰〰〰〰〰

學生收穫：我們最容易犯的錯誤出題老師通常都能想到，所以會設下一些陷阱。但我們身為考場上的高手，要學會善於在細微之處見真知，在考試中切忌心急、粗心，切忌把答案簡單化，只要做好了防範，通常就不會上當。

〰〰〰〰〰〰〰〰〰〰〰〰〰〰

家長策略：父母應讓孩子在平時的訓練和考試中進行不斷地磨練，並不斷地分析和總結自己的弱點和犯錯原因，提醒自己不再犯類似的錯誤，並在考試中善於動腦，才能讓孩子達到膽大心細的程度。

10 生熟相伴
熟題生做，生題熟做

　　在考場上，可以說是什麼樣的題目都有可以出現。那麼，當你碰到熟題，你能夠穩住自己的情緒做到「熟題生做」嗎？碰到生題時，你能從陌生中尋到熟悉的東西做到「生題熟做」嗎？所謂「生不生，熟不熟」，只要在答題的過程中，能夠做到冷靜思考，不急不躁，就會輕易的破解難題，涉險過關，獲得分數，但如果答題時稍有不慎，往往就會導致「熟題錯做」、「生題做錯」。

　　有些同學，一見到熟悉的題目心中便大喜過望，提筆唰唰便寫，結果往往由於過於粗心而出錯，或做到一定的步驟之後才發現再也做不下去了，這個時候才發現，原來考題與自己記憶中的熟題是兩回事。雖然能夠做到即時發現錯誤，但時間已經白白浪費了。所以，當在考試中遇到熟題時，應該學會能夠從中看出變化，避免生搬和硬套，更不能草草地看完題目之後就想當然地「依樣畫葫蘆」，而應該做到「咬文嚼字」，推敲題意，並仔細看清眼前的熟題和自己記憶中的題目是否完全一樣，這樣可以避

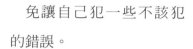

免讓自己犯一些不該犯的錯誤。

通常來說，小考或段考等碰到原題的機率較大，而在大學指考、國中基測等選拔性考試中，講究深度與廣度的原則決定了這些試題每年都會有所變化。因此，在這些考場上，我們絕不能被似曾相識的題目所迷惑，還是應該按照正常的答題程序來解答，從審題、抓題幹開始，然後再看清要求、找準解題依據、設計書寫的佈局等，通常來說，經過這樣的程序去完成答題，就能夠做到認真、細緻、嚴謹、規範地完成答題，並將錯誤率降到最低，將分數穩穩當當地納入囊中。

同樣的道理，當你在考場上遇到完全陌生的題目時，首先不要以為自己又碰到了難題，而是應該靜下心來將題目耐心地看幾遍，消除陌生感。其實，我們之所以感到題目生疏，往往是因為它與平時我們練習的一些比較熟悉的題目有些出入，而這種變化則有可能僅僅是在我們所熟悉的題目的基礎上稍做了一些變化而已。比如，所畫的圖形換了個角度、問題換了個問法。因此，我們要以變應變，分析它與過去的哪些題目類似，又在哪個方面做了變化，並結合題目的要求將自己所掌握的知識運用上去，即可

比較輕易的找到解決問題的突破口。

　　所以，在考試中不論遇到熟題還是生題，都要保持一顆平和、冷靜的心。碰到熟題時不要一時激動，便不假思索地匆忙作答，這樣往往會將即將到手的分數白白的丟掉；碰到生題時也沒有必要產生膽怯心理，要知道，任何的生題都只是在熟題的基礎上演變出來的，只要認真審題、分析題幹，即可輕易的找到突破口，使問題迎刃而解。

　　名師點評：在大型考試中，每一道題目都是經過出題者的認真篩選的，題目的要求具有一定的深度和廣度。其中出題者也會設下一些「陷阱」，讓考生去鑽，一些看似比較熟悉的題目往往會暗藏機關；而一些看似比較陌生的題目，則往往只是一隻「紙老虎」。只要考生在答題時能夠做到沉著、冷靜的思考，避免僥倖的心理，自然就能夠順利地繞過這些「陷阱」。

~~~~~~

　　學生收穫：以前碰到似曾相識的題目時，自己都會認為是「千載難逢」的好機會，結果真正答題的時候才發覺往往審題不清，即便真的是重複題也因為粗心大意而出現錯誤，後來汲取了教訓，每碰到再熟的題目都會小心謹慎地答題。碰到生題時，自

己也從不慌張，因為自己知道，所有的生題都是從熟題中演變而來的。因此，每次考試時，自己都能夠做到「熟題生做，生題熟做」，確實得益不少。

~~~~~~

家長策略：父母平時應該培養孩子不管遇到什麼事都要學會沉著、冷靜處理的習慣，不要讓孩子過於大喜或大悲。這樣，孩子在考試時就不會因為看見熟題而「大喜」導致答題時過於粗心而出錯，也不會因為碰見生題而「大悲」，而主動放棄本來並不難的題目。

11 順其自然
怎樣對付生題和超範圍題

假設你同時掉了兩張百元鈔票，一張是掉到了你的面前，另外一張是掉下之後又被風吹到離你有一段距離的地方，你會先撿回哪一張呢？答案自然是十分明顯，如果你的思維是正常的話，當然是先撿回自己面前的那張了，但如果條件允許的話你肯定是兩張都要撿回來的。我們在考場上答題時，也往往需要面對這種情況，尤其當你碰見最讓人鬱悶的生題和超範圍題型時，這種抉擇就顯得尤為重要了。

通常而言，對於一些難度比較大而分值又比較少的題目，要立即做出果斷捨棄的決定，千萬不要在這道題目上花費太多的時間和精力。假設一道難題的分值是兩分，一道簡單題目的分值也是兩分的話。如果你花上十分鐘才能解出難題，而僅需一分鐘就可解出簡單的題目，顯然所花的時間比例是相當懸殊的，要知道考試的時間是十分寶貴的。這就需要有所選擇，揚長避短，將有限的時間用來「得分」，保證已做好的題目的正確率，爭取將其中較簡單的題目的分數拿到，難題則應該放到最後，能做多少算

多少。

其實，我們都知道，解答難題的關鍵在於對題目進行認真分析和綜合，尋找突破口。因為很多難題只是難在拐彎多、綜合性強而已。而對於難在拐彎處的題目，即答題條件不是直接給出，而是讓你自己去尋找，這就要求我們自己進行分析，找出所給條件和未知之間的隱蔽關係。抓住這一點，就抓住了解題的關鍵，其他方面也就迎刃而解了。對於綜合性比較強的難題，就需要我們靈活運用多種知識，調動多種認知手法，從題目中所給的條件出發，透過追憶尋找有關資料，全方位、多角度地加以考慮，不要被慣性的思維定勢所束縛，一旦突破了這種定勢，往往就能達到「柳暗花明又一村」的效果。還有一些並不算難的「難題」是由於我們答題時過於緊張而遺忘了有關概念、公式、單字等，遇到這種情況，通常可以運用多種線索進行聯想追憶，從中找到一些解題的蛛絲馬跡，問題自然能夠輕易的被解開。

名師點評：在考場上，遇到一些暫時理不清頭緒的難題，做到勇敢地捨棄也不失為一種明智的選擇，因為其他的題目仍然需要你花費時間和精力去完成，因此沒有必要在這些難題上做過多的糾纏。當然，如果能將自己想到的一點思路也盡力寫上，還是有希望得到一些分數的。

～～～～～～～～～～～～～～～～～～～～～～～～～～～～～

　　學生收穫：以前考試時，由於經驗不足，每當碰到難題時，總是拿出解不出來誓不甘休的「魄力」，和這些難題展開持久戰，可是當自己好不容易將這道難題解出來之後才發現已經花費了將近二十多分鐘的時間，而這道難題的分值卻只有兩三分，真是後悔莫及。後來汲取了教訓，每次考試碰到這些難題時，就果斷地跳過去，這樣就可以確保該拿的分數都能拿到！

～～～～～～～～～～～～～～～～～～～～～～～～～～～～～

　　家長策略：家長平常要多給孩子灌輸好觀念，不要讓孩子去追求所謂的完美，在考試上更不能奢望能夠得到滿分。而應該教育孩子在時間緊迫的情況下果斷地採取捨棄難題和超範圍題的策略，這樣才能在考場上達到顧全大局的目的。

12 你猜我猜
單項選擇題答題技巧

在標準化答案卷中，用的比較多而且佔的分值比較多的是單選型選擇題。例如，四選一型的試題是比較常見的。對於選擇題，能夠做到心中有數、胸有成竹自然是最好不過的。但如果你對四個答案都不能確定的情況下應該怎麼辦才能使自己的選擇勝算更大呢？如果完全靠猜，就算偶爾猜對也只是僥倖，不可能有很大的勝算。因此，在猜選擇題答案的時候，我們可以運用一些猜的技巧，讓猜測不僅僅是猜測，這樣猜對的機率自然就會更大一些。

下面的三種方法是在自己對選擇題答案不能確實的情況下所採取的策略，如果運用得好，將會使你添加更多的分數。

（1）回憶法

有的選擇題涉及比較熟悉的資料，比如會從填空題中直接演變而成，因此你可以直接從記憶庫中提取要填空的內容，然後從選項中選擇對應的答案。應按回憶判斷，以避開備選答案的干

擾，提高作答速度和準確率。

（2）直接選擇法

在數、理、化的試題中，可以根據已知條件，透過計算、作圖或代入選項答案進行驗證等途徑，直接進行選擇，勝算往往比較高。

（3）淘汰錯誤法

也叫排除法，其方法是把備選答案中錯誤的答案排除，剩下的便是正確答案。

另外，在猜的過程中，最好在試題的關鍵字下面畫線，諸如：全部、許多、某些、沒有、經常、有時、絕不、較多、較小、至少等關鍵字可以幫助你理解試題。

名師點評：在不能確定答案的情況下，猜想可以極大限度地提高解決問題的主觀能動性，是發展學生創造性思維不可缺少的一種方法，這與投機取巧和僥倖有本質上的區別。而且，在考場上，這種方法也是不得已而為之的上上之策。

學生收穫：很多時候碰到難題也只有猜了，而且有事實根據和憑經驗的猜法還是有效果的，畢竟猜是可以增加猜中率、努力接近正確答案的方法。

〜〜〜〜〜〜〜〜〜〜〜〜〜〜〜〜〜〜〜〜

　　家長策略：父母主要應該培養孩子具有膽大心細的能力，要學會大膽的想像與猜測。當然猜測時要根據一定的事實依據，而不能憑空想像。

13 涉險過關
多項選擇題答題技巧

　　許多同學認為多項選擇題就是「多項猜測題」，而且在考試中覺得自己猜對的可能性很大。但是，這樣是無法保證你能夠獲得高分的，因為多項選擇題有時候真的比較麻煩，往往是你漏選一個、多選一下、錯選一下，這題就會全部丟分。因此，我們提倡大家根據自己所學的基本知識和技能進行選擇，能確認幾個正確答案就選幾個，不能確認為正確答案的選項就不要選，否則可能會變成畫蛇添足了。

　　其實，對於多項選擇題，我們雖然不能在答題技巧上輕易冒「猜」的險，但卻可以透過把握它的命題規律進行輕鬆地選擇。主要有以下幾點方法和技巧：

　　（1）認真閱讀題目。有時當你閱讀一道問題時就會使你的記憶跳轉到相關的答案。

　　（2）從題目中摸清出題者的意圖和要測試的知識點，以便尋找正確的答案。

　　（3）在遇到你認為你應該知道答案，而僅僅是忘了答案的題目時，可暫時跳過它，先做別的題，等把其他題目做完後再回

頭解決這道題目。

（4）對於那些難題，不要急著作答。因為這種難題通常是你根本不知道答案的，還有另外一種可能是它們的答案深埋在你的記憶中，不到考試結束的最後時刻，它們是不會冒出來的。所以暫時先不用去管它，等把考卷的其他題目都做完之後，如果還沒有想起來，再進行猜測答題。

（5）對於那些沒有一點頭緒的題目，可以憑著自己的直覺進行選擇。雖然答案不一定對，但畢竟這是你能想出來的唯一答案。

此外，想要更準確地命中複選題取得高分，還必須瞭解下面的這些答題方法：

（1）消除法。先將自己認為不是正確的選項消除掉，剩下的則為選擇的答案。

（2）分析法。將四個選項全部置於試題中，縱橫比較，逐個分析，去誤求正，去偽存真，獲得理想的答案。

（3）語感法。尤其是在英文和國文考試中，如果在答題中找不到充分的證據確定所選的答案的正確與否，可以將試題中的選項默讀幾遍，自己感覺讀起來不彆扭，語言流暢、順口，即可確定為答案。

（4）類比法。在能力傾向選擇題中類比法十分重要，四個選項中有一個選項不屬於同一範疇，那麼，剩下的三項則為選擇項。如有兩個選項不能歸類時，則根據優選法選出其中一組選項做為自己的選擇項。

（5）推測法。有些試題要從句子中的結構及語法知識推測入手，因此我們應該配合自己平時累積的常識來進行判斷，推測出邏輯的條件和結論，以期將正確的選項準確地選出。

名師點評：多項選擇題是對考生的技能要求比較高的題型，因此要求考生必須掌握廣泛的知識，才能做到萬無一失。對於一些高難度的題型，首先一定要透過審題幹弄清題目的規定性，明確題目的要求和答題方向，特別要注意關鍵字或中心詞，再開始答題，以免造成掛一漏萬。

～～～～～～～～～～～～～～～～～～～～～～～～～～

學生收穫：多項選擇題是最容易丟分的考題，因此，我採取的方法是不能確定是正確答案的選項堅決不選。

～～～～～～～～～～～～～～～～～～～～～～～～～～

家長策略：父母可經常提醒孩子在平常的學習和複習中，做到熟練掌握知識的深度和廣度，並融會貫通基本知識，不要只是一知半解。

14 巧列提綱
搭好架子練功夫

　　考試中的一些主觀性試題往往給了你充分自由的空間，讓你盡情地展現自己的學識和發揮自己的才華。但怎樣發揮才能得到認可、才能獲得分數，卻是一個技巧的問題。打個比方，如果讓你回答一個申論題時，但你在回答的過程中沒有抓住重點，也沒有做到緊扣題意，那麼就算你寫出來的東西再有文采，也是無人喝采的；反之，如果你的回答能夠切中題意，圍繞主題展開論述，那麼就算你沒有優美的文筆，至少你會得到一些分數，不至於白費工夫。當然，如果能夠在答題的過程中做到既能夠緊扣主題，又能充分發揮出你的才華和個性是最好的。

　　那麼，怎樣才能夠做到讓自己的解答緊扣主題呢？在答題之前列出一個提綱是有必要的，因為這個提綱可以給你搭起一個架子，讓你在上面練功夫，並盡情地發揮出你的才情。

　　那麼架子又是怎麼搭的呢？首先，看到題目的時候，給自己一分鐘的時間，弄明白題目問的是什麼，需要用哪些相關內容進行回答等。其次，列出一個緊扣題目的提綱，列提綱時可以採取你喜歡的方式，先在試題空白處寫下自己想到的所有事實依據、

概念以及你覺得應該包含在答案中的所有詳細資料等。然後再用幾個關鍵字來表示，用標號標出層次安排，圍繞哪個點先寫什麼，後寫什麼，做到有條有理。

提綱不必寫得很詳細，可粗略些，框定一下大體方面即時間階段、作答要點、有何拓展之處等。即一定要做到主次分明，貼切主題。

如果不是太長的題，也可以在腦子中構思一個提綱和層次安排，但一定要做到讓一切了然於胸。要知道，最好的組織勝過最好的書寫，因此，必須讓自己所列出的提綱和答案凸顯出問題的重點，做到圍繞中心展開論述，切中要害。

對於國文考試的作文，一定要謹慎把握，在審好題的基礎上，先利用一點時間來大體搭起一個架子。因為作文佔的分值比較大，寫作時，如果掌握不準，盲目下筆，就會容易出現抓不住中心，或跑題、或偏題的失誤，造成嚴重的損失。而如果事先能夠透過提綱明確立意，力求使結構清晰。再大致列出一些條目，考慮如何組織和安排已經選好的資料，考慮文章怎樣開頭和結尾，怎樣劃分段落和層次，怎樣過渡和照應，使文章順理成章，首尾呼應。那麼，你在確定了文章的主題之後，就已經做到胸有成竹了。

另外，由於考試的時間比較緊迫，因此在列提綱時切勿只顧

字斟句酌，浪費時間，只要做到基本內容完備，思路清晰，並簡單地列出立意、段落大意及所有資料、層次和要點即可。

總之，提綱對你的佈局謀篇都產生了積極的作用，即便最後時間不夠用，只要你能夠根據主題和提綱的關鍵字稍作發揮，也能夠做到緊扣主題。

名師點評：一個好的提綱可以幫助你在答題的過程中做到緊扣主題，主次分明，而且可以節省時間，讓你在最短的時間寫出讓閱卷老師滿意的答案。因此，在解答主觀題時，一定要先在腦子或紙上寫出一個提綱契領的東西，並做到合理地組織自己的答案。

學生收穫：列提綱並不麻煩，難的是要做到緊扣主題，不管是在腦子裡還是在紙上列出提綱，都必須在審好題的基礎上進行，才能確保下筆時做到穩而準。

家長策略：平時在主觀題的答題或作文寫作時，父母應該要求孩子先列出一個提綱，並養成習慣，做到主次分明、條理清楚等，學會統籌結構答題思路。

15 巧妙攻關
怎樣做到最好的組織

對答案進行組織是解答主觀題的一種方法，如果組織得好，自然就會答得非常巧妙，反之，則會出現離題、跑題的現象。閱卷老師在提到考生在解答主觀題時，失分過多的原因主要有以下幾種：

（1）條理不清，無法形成連貫，層次感不強，前後不一致。

（2）雖然寫了很多，卻與主題無關，造成偏題。

（3）不認真閱讀資料，找不準關鍵字，因此無法與知識點進行掛鉤，寫出的理論觀點也比較偏頗，因此沒有表達出真情實意。

（4）對一些發散性很強的問題，沒有做到從多角度、多層次作答，答題內容比較單一化，造成沒有把答案組織好。

因此，在解答主觀題時，一定要在下筆前巧妙地組織答案，

並做到重點凸顯、層次分明才能贏得閱卷老師的好感。

那麼，我們應該如何組織最佳的答案呢？

首先，要明確題意。在一些要求你談自己看法的問題和運用原理解決實際問題的題目中，主要就是測試你對知識的轉移和應用的能力，答案的方向性就是實現問題與基礎知識的對接。這就要求我們分析解決該問題所應用的原理，用理論解決實際問題。所以組織答案就要回歸到教材上，建立在對教材知識系統掌握的基礎上。

其次，要高度概括文字。一些主觀闡發題要把自己回答的重點概括地寫在第一句，達到提綱挈領的作用，讓閱卷老師第一眼就能看出你對問題的把握能力，之後再寫一些闡發性內容，這樣可使組織的答案條理清晰、要點鮮明、重點凸顯。尤其在一些文科的主觀題中，就須將已知條件和所問問題，即事物的前因後果連接起來，讓各知識點環環緊扣。

再次，要善於開闊思路。要使答案具有全面性，還要求你在答題時思路開闊，思維流暢、靈活，在確定了答題的方向後，還要從不同角度、不同層面進行思考，把不同層次的思考都清晰呈現在答案卷上，盡量做到讓答案全面、完整。

此外，解決問題的關鍵是使自己的語言有概括性。一般而言，組織得好的答案，語言都比較簡練、準確，概括性也比較強。而且應該在句子與句子之間，甚至段落與段落之間，恰當地使用一些過渡性語詞，使得層次更鮮明、重點更凸顯、組織更得當。

名師點評：下筆之前，一定要將答案至少在腦子裡事先進行最佳組織，力爭做到重點凸顯，層次分明、理論全面、條理清晰，才能使答案盡善盡美。

學生收穫：我在解答主觀題時，下筆前通常都會做到快速的構思，並迅速在大腦中組織、搜索答案，然後將這些要點寫在紙上，以防止遺漏，這樣自然就會做到條理清晰，下筆時就自然而然的抓住重點，並讓答案更全面和完整。

家長策略：父母應該提醒孩子根據不同的題型組織不同的答案，並做到回歸課本，用理論聯繫實際，寫出最有說服力的全面的答案。

16 起死回生
答錯題後的補救方法

　　考場上，面對著各式各樣的考題，真可謂謎團重重，有時候會讓你陷入「山窮水盡疑無路」的境地。但是，等到考試時間所剩無幾時，往往會由於觸到了某一處思維的靈感，使你茅塞頓開，對於某一道題的解法又有了新的思路和答案。然而，這種「柳暗花明又一村」的喜悅可能讓你怎麼也高興不起來，畢竟時間緊迫，再想從頭改，似乎已經來不及了。那麼，面對這種情況，應該怎樣讓這些題目「起死回生」呢？

　　首先是不要緊張。因為一旦緊張就會出現慌亂，而一旦慌亂又會使這種靈感消失得無影無蹤。因此，一定要讓自己保持冷靜和平穩的心態，先看一下還剩多少時間，然後開始尋找、分析答題時出現錯誤的原因。並一定要弄清楚這兩個問題：到底是全盤皆錯還是局部錯誤？是過程出錯還是只是結果出錯？把這兩個問題弄清楚後，即可針對答案中的錯誤採取補救措施。

　　如果是全盤皆錯，那就什麼也不用想了，也不要去看時間還剩多少，立即全力以赴，能答多少算多少，但一定要做到速度和

品質並重，才能真正做到答得其所。

如果只是局部出錯，比如解答文科的主觀題時出現分論點不能受中心論點統率，或作文寫了一半發覺跑題了等；或是理科題目的計算、推導證明的過程出錯等。在這種情況下要做到平心靜氣，認真分析，巧妙地轉換概念，或做為反面論證來解答，尤其是作文，時間有限，應盡量避免全面修改。

如果只是結果出錯，那就比較好辦了，比如計算錯誤、歸納時出錯等等，這只是最後的部分，修改時前面通常不會受到影響。

總之，在提筆改錯之前，應該迅速將答題步驟在腦中做一個相對全面、周密的思考，如果時間許可的話，不妨在答案卷空白處打草稿，哪怕是綱要式的，這樣可以避免出現新的錯誤。

名師點評：考場上的變化是無常的，因此，在答題的過程中出現變故時，千萬不要慌亂，一定要保持鎮靜。對錯題進行修改時，一定要做到謹慎下筆，避免錯上加錯的情況發生。

~~~~~~

學生收穫：在考場上，之所以答錯題，除了對基礎知識掌握不牢固和對知識運用不熟練，還有一個主要原因是過於緊張。

因此，在考場上保持冷靜的思維便顯得舉足輕重，只要保持這種平和的心態，就算不小心做錯了，也能夠針對不同的錯誤想出最快捷、最有效的修改方法。

～～～～～～～～～～～～～～～～～～～～～～～～～～～～～

　　家長策略：父母應該讓孩子明白，在考場上答錯題是難免的，最重要的是能夠即時發現錯誤，並即時將錯誤的答案修改過來。要做到這一點，則取決於孩子在考場上是否能夠擁有優良的心理素質。因此，父母平時多注意對孩子的心理素質進行培養是極為重要的。

17 不忘美「關」
保持答案卷的整潔

當你在考場上鬥智鬥勇，終於將考題的重重玄機解破，這個時候還有一道極為重要的關卡，那就是美「關」！常言道：「愛美之心，人皆有之。」閱卷老師也是人，自然也愛美，不是嗎？因此，保持答案卷的整潔，書寫美觀，將是贏得閱卷老師好感的重要方法。因為，當閱卷老師翻開一份答案卷時，最先映入眼簾的就是答案卷的整體面貌，如果這第一眼給閱卷老師留下美好的印象，他自然會感到十分舒服，因此就會給你增加很多印象分。

如果你不注意書寫，字跡潦草，那麼即便你的答案正確，但由於字體辨認不清，給閱卷老師的整體感覺就是髒、亂、差的印象，對於這樣的答案卷，閱卷老師是沒有耐心看下去的。這樣一來，吃虧的還不是你自己嗎？

要做到答案卷的整潔，除了平時注意書寫之外，還有一點就是要養成下筆之前先構思的習慣，盡量避免因為做錯而把答案卷擦得瘡痍滿目。還應該做到根據答案的長短，安排字體的大小，行與行之間的間距等要求來書寫，盡量避免不夠寫，或書寫過分

緊密，把答案擠在一起的現象。如果書寫過程中出現錯誤，小段的話可以用橡皮擦擦乾淨，再重新書寫，而那些大段的錯誤在答案卷還夠書寫的情況下，就沒有必要用橡皮擦擦掉再重寫，可以直接使用刪除號，將原有的錯誤刪除，再重新作答，那樣答案卷上還會保持清楚、整潔的。

那麼，如果在答題的過程中，不小心把卷面弄髒了怎麼辦？

首先，可以用橡皮擦將弄髒的地方盡量擦得乾淨一些，如果還可以再次書寫，就在擦過的地方重新答題，但這樣做的前提是重新書寫的內容閱卷老師無須用心思去猜就能知道你寫的是什麼，讓閱卷老師感覺一目了然。

如果原來規定的答題區域內已經髒得無法答題，也要擦得乾淨一些。然後視答案的多少選擇一處大小恰當的空白處將答案寫上，並注意字體的大小，還要特別注意選擇的這個空白處不能在答案卷的密封線之內，然後用箭頭或文字註明該題答案的位置。另外，應該忌諱將一道題目的答案寫在多個空白處，將答案卷弄得像迷宮，等閱卷老師閱卷時也會有一種走迷宮的感覺，這樣的話就會影響到閱卷老師的心情，對你來說也是極為不利的。

答案如果不小心弄髒了，要小心翼翼地用橡皮擦將它擦乾

淨，然後再將選定的答案填塗上去。

　　名師點評：字跡工整，答案卷整潔，是考生給閱卷老師的第一印象，如果考生給閱卷老師的第一印象不好，那麼將很難從閱卷老師那裡得到任何的印象分，反之，由於答案卷太亂而導致扣分的事卻屢見不鮮。

～～～～～～～～～～～～～～～～～～～～～～～～～～～～

　　學生收穫：我自己平時除了注意練字，寫了一手漂亮的字之外，考試時也大都是先構思好了之後再下筆，這樣就將錯誤率減少到最低，確保了答案卷的整潔與美觀。

～～～～～～～～～～～～～～～～～～～～～～～～～～～～

　　家長策略：父母平時應培養孩子養成良好的寫字習慣，而且要做到先慢後快，不要只追求速度而忽略了書寫的品質。

18 優化分配
考試時間不夠用怎麼辦

考場上時間不夠用的原因有很多，但大致歸納起來主要有以下幾個方面：

（1）沒有準備手錶，因此無法掌握時間。

（2）考生自身過於放鬆，不知道抓緊時間答題。

（3）只知道答題，不知道合理分配時間。

（4）碰到難題時花過多精力進行糾纏，不知道跳過去。

（5）一邊答題一邊檢查，造成答題速度過慢。

（6）考題太難，確實比較費時間和精力（因人而異）。

針對上面的這些原因，考試時最好能夠準備一只手錶，這樣有助於我們把握時間和答題分配，控制好時間。當然，在答題的時候，也不要一直看時間，因為如果你總是想著時間一分一秒的過去，精神就會繃得太緊，容易導致心理緊張，對於正常發揮自

己的實力和水準是沒有什麼好處的。因此，通常在考試時間大約過一半和四分之三時再看一看，以便調整答題策略，這樣手錶的作用就已經發揮出來了。一定要記住，千萬不要讓手錶成為擾亂你答題思維的東西。

還有一些考生由於混淆了考場上對「放鬆」要求的概念，結果在「放鬆」的過程中讓時間白白的流走了。其實，此「放鬆」非彼「放鬆」，我們要求在考場上的放鬆是指精神上的放鬆和心態上的放鬆，是讓你卸下心理包袱的放鬆，而不是讓你在答題過程採取放鬆的態度。要知道，雖然都是放鬆，但本質上是有很大的區別的。換句話說就是在精神和心態上需要放鬆，但在答題上卻需要抓緊。就好像在拳擊賽場上的拳擊手一樣，他們的教練會要求他們放鬆身心，但卻不會要求他們放鬆拳頭的，因此只有放鬆身心，才能將全身的力量集中於拳頭上，才能使揮出去的拳頭具有爆發力。

另外，還有一些考生答題時，採取從頭到尾的順序答題，中間碰到難題時也不計較這道題到底佔多少分，照答不誤，有時候往往為了一道僅佔兩分的題目花了二十多分鐘甚至更長的時間，那是十分可惜的。這樣一來，如果中間再碰到幾個這樣的難題，那麼即便給他再多的時間也是不夠用的。

對於考場上的難題，其實是「會者不難，難者不會」，只要你平常多累積一些知識和一些應考的經驗，這些難題也是難不倒你的。

名師點評：一旦發現考場上的時間還剩不多而自己又還有很多的題目沒有做時，這個時候一定要迅速瀏覽一下那些還沒有作答的題目，把最簡單的題目挑出來先解答，爭取把該拿的分都拿到手。

～～～～～～～～～～～～～～～～～～～～～～～～～～～～～～

學生收穫：我自己在考場上做得最好的就是能夠讓自己的身心全部放鬆，然後再抓緊時間答題。這樣一來，即便到最後時間還是不夠用，也能夠理智地把比較簡單、保證得分的題目做完，化被動為主動，心理自然就會感到平衡很多。

～～～～～～～～～～～～～～～～～～～～～～～～～～～～～～

家長策略：孩子在考場上如果感到時間不夠用時，往往會產生緊張的心理，這樣一來就有可能會在亂中出錯。因此，父母應該事先叮囑孩子注意在時間不夠用時，先把答案卡塗上，確保答對的題目能夠拿到分數。

19 高分戰術
把考場多餘時間轉化為分數

　　時間還沒到，考卷已經答完了，有的同學就以為大功告成、萬事大吉了，便得意洋洋地竊喜：「這真是太幸運了，沒想到題目這麼簡單。」應該說，這種心態在考場上是要不得的，因為提前完成答題，並不一定說明你所解答的每一道題目都是正確的。而其他同學雖然答得比較慢，但至少他們所答的每一道題目，自己都是有把握能夠答對的。

　　因此，對答案卷進行認真的檢查是十分有必要的，畢竟，答得太快，往往並沒有注重答題品質，再者，由於追求速度，往往導致粗心大意，造成錯答或漏答。

　　那麼，檢查答案卷時，應該注意哪些事項呢？

　　（1）全面檢查包括答案卷的答題要求、答題思路、解題步驟和答題結果等等，從不同角度、用不同方法對答案反覆檢查核算，防止由於粗心與馬虎而出錯。如果有時間，對一些比較重要的題目進行再一次的演算和推導也是有必要的。

（2）檢查一下審題時有無遺漏或錯誤。具體做法是按照答案卷的頁碼、題目的順序逐條細心檢查，檢查有沒有將題目遺漏以致沒有做，特別是一題多問的情況，還有之前作答時跳過的題目是否已都補做；檢查題幹的要求有沒有看錯，如果僅就答案查答案，即使有錯也不易發現，還會出現答案雖無錯誤，其實是所問非所答的情況；對照原題，看是否抄錯了數字、語詞、符號；答題過程是否規範、計算抄寫是否有錯。

（3）看答案有無錯誤，比較檢查或用逆向思維進行多角度檢查。想一想選擇題的若干選項當初有沒有都看一遍，並思考選擇的依據是不是充分等等。如果答案卷上有題目與平時做的相似，要認真比較：試題要求與平時做的是不是完全一樣，如果不一樣，那麼是什麼地方不一樣，有沒有將不一樣的地方在答題過程中加以考慮，並在答案中體現出來。對於那些當初做起來特別順利的題目，尤其要多加思考，思考題目的要求是什麼，命題者的意圖是什麼，要考什麼知識點，要求考生運用什麼能力來解題等等。

（4）檢查答案卡。要對照一下答案卷上一共是多少題，答案卡上有多少題目，有沒有漏填或者重複填的現象，答案卡上塗的答案與答案卷上的是否完全一致。這樣，經過逐題仔細地反覆

檢查，即可確保自己答對的題目能夠拿到分數。

另外，如有其他考生提前交卷時，這時千萬不要慌張，應該沉著、鎮定、耐心、仔細地檢查自己的答案卷，等完全檢查完並確認無誤後，再交不遲。

名師點評：檢查是答題中的最後一環，最後的查缺補漏，也是確保自己會答的題目都能夠拿到分數的方法。因此，考生在最後檢查答案卷時，要集中精力、冷靜思考，逐字逐句地檢查，切忌一目十行。凡是可以用反證法或多種解法作答的問題，可從多方面來驗證原解法是否正確。

學生收穫：我在考試過程中，通常都會計畫留出一定的時間進行最後檢查，這是答題不可缺少的步驟。同時，還可以在檢查的過程中，對那些沒有做出來的難題再進行最後的突破，往往能夠收到意外的驚喜。

家長策略：如果孩子平時答題時速度過快，往往是過於粗心所致。因此，父母應該培養孩子養成善於思考的習慣，並對答完的題目進行最後的檢查。

第五章 我自歌吟

考後休養站

01 心靈有氧
考後心理調適

在輕鬆中有些許壓抑，在希冀中伴隨不安的忐忑，盼星星盼月亮一樣盼著結果又不想看到結果，考試成績終於出來了！也許它帶給你的是「欣喜若狂」，也許是「悲從中來」，可謂「幾家歡樂幾家愁」。但生活和學習都還在繼續，有位名人這樣說：「獲勝不是一切，欲求獲勝才是一切。」同樣地，我們也要說：「失敗不是一切，不再同樣失敗才是一切。」不管結果如何，我們都應該學會坦然的面對。

那麼，應該如何讓心靈吸氧，進行考後的心理調適呢？

（1）客觀看待考試結果。考完試後，尤其是一些大型的考試，許多同學都會感受到來自父母、老師、同學、親戚、朋友等等各方面的壓力，尤其是望子成龍、望女成鳳心切的父母對子女的期望值普遍較高，更有些父母之間常會拿孩子的成績進行比較。對於父母和親戚的這種心態，如果你能夠達到他們的期望，讓他們為你而感到驕傲和自豪，自然是好事，而且你還可以從他們那裡得到相對的獎勵，這種感覺應該是很幸福的，但千萬不要為此而沾沾自喜，讓這些快樂沖昏了頭，因為一次考試的勝利真

的算不了什麼，你需要面對的還有很多，更何況山外有山，人外有人，保持一顆平和的心才是最重要的。如果你的成績沒有達到父母的期望，或許他們會失望、或許他們會傷心，而對於你來說，也是一種挫敗感，但如果你就此沉淪下去，那麼你將會錯過很多很多。其實，只要你盡力了，問心無愧，對於外來的任何壓力沒有必要去理會，因為你絕對有理由喜歡盡了力的自己。

（2）要學會辨證地分析問題。對於考試的排名，要進行多角度地看待。其實，每次考試的時候，都會有兩個排名表，一個是整個班級的排名表，另一個就是只有你一個人的排名表，其實每個人最大的對手往往是自己，而那張只有你一個的排名表，就是你和自己較量的排名表，怎麼比較呢？你可以把自己每次考試的成績都填在這張表上，然後再進行比較，看看自己這次考試和之前的考試是否進步了呢？掌握的知識是否更多了？只要每次考試時你都這樣和自己不斷地比較、不斷地較量，你就能夠不斷地超越自我。

（3）要學會總結。每次考試之後，總會有所得，也會有所失。因此，要學會不斷地總結經驗，汲取教訓，保持自己的優勢，爭取把自己錯漏的知識補上，不管這一次考得有沒有上次好，都要保持一顆平和的心。

（4）樹立下一次的奮鬥目標。調整好心態後，要即時制訂

出下一次的奮鬥目標，制訂的目標一定要實際一些，不要太高，並擬定出一個可行的計畫（計畫的制訂可根據本書第一章第二節的相關內容和原則進行）。再接再勵，不斷地激勵自己、超越自己。

名師點評：考完試之後，家長和學生通常都會有如釋重負的感覺，但考試結果及餘波會讓孩子的心理困擾更為嚴重，如何做到「勝不驕，敗不餒」是考試過後需要調整的心態。因此，不管是家長還是考生，都應該客觀地對待考試的結果，尤其是家長應該注意孩子考後的心理調適。

學生收穫：考完試之後，可以讓自己放鬆一下，不管成敗，都已經代表過去，大喜大悲對自己都沒什麼好處。最重要的是讓自己靜下心來，分析自己的成敗得失，在經歷中尋求進步。

家長策略：父母不要太注重考試的結果，此時應該注重引導孩子的複雜情緒，想辦法疏導孩子因考試帶來的心理壓力，幫助孩子分析考試中的得失，肯定孩子的努力，同時協助孩子制訂接下來的學習和生活計畫。

02 放鬆自己
讓心情如歌飛揚

考後的輕鬆可以說是一門不小的學問，處理得好，會讓自己的身心都得到徹底的放鬆，同時可以養精蓄銳，以備再戰；如果處理得不好，則可能會使自己陷入另一種疲憊，或放鬆過度，導致迷失了自我。那麼，怎樣才能讓自己做到很好的放鬆呢？

（1）讓心情放鬆

考完試後，大家都自覺或不自覺地期待著考試的結果，一旦考得好，則歡天喜地、欣喜若狂，心裡想著可以給父母一個交待了，可以在同學們面前炫耀一番了，可以在路上碰見老師的時候大膽地打招呼了；如果考試的成績不是很理想，則會黯然神傷、鬱鬱寡歡，不想在家裡見到父母，也不想和同學往來，更不想在路上碰見老師。為什麼會這樣呢？追根究底，還是成績惹的禍，很多的家長、老師和學生本人，都把考試的成績比做學生的命根子，似乎沒有了成績，讀書就沒有必要。是的，我們確實需要成績，而且需要好的成績，但卻沒有必要為一城一池的得失而患得患失，更沒有必要為一兩次考試的失敗而委靡不振。如果你能夠

做到在失敗中看到希望，在成功面前保持謙虛，則考試過後的心情無須讓自己去刻意的尋找放鬆方式，順其自然就是最好的放鬆效果。

（2）讓身體放鬆

　　儘管我們一直在強調，考生在走上考場之前，一定要學會讓身心放鬆，但很多的同學還是承受著很大的壓力去參加考試，考完試之後又要面臨著各方面的壓力。這樣一來，自然就會把身體弄得疲憊不堪，接下來的調整是必須的，也是非常有必要的。否則，一旦將身體壓垮，可就真的得不償失了。因此，不管考試的

結果如何，一定要記得這個道理——留得青山在，不怕沒柴燒，而你的身體恰恰是一座青山呀！我們沒有理由不好好保護自己的身體。

讓自己身體放鬆的方式有很多，可以做適當的運動，但最好不要做過於劇烈的運動，比如慢跑、游泳、打羽毛球、乒乓球等都是很好的選擇，也可以到郊外去旅遊，讓自己的身心融入自然之中。需要注意的是，考試之後最好不要去外地旅遊，因爲剛考完試，你的身心本來就已經很疲憊，如果再讓自己長途跋涉，飽受旅途顛簸，身體自然會受不了。這是很多考生都親身經歷過的，因此，希望大家引以爲戒。

（3）讓笑容綻放

微笑、歡笑和大笑都是很好的鬆弛劑。因此，一定要學會從生活中找到讓自己開心的趣事，比如可以讀一些幽默故事書，也可以看一些喜劇片等等，還可以和小孩子一起玩遊戲，和小孩子們一起分享那一份純眞的童趣。

總之，不管怎麼樣，一定要讓更多的笑容在你的臉上綻放，因爲這些笑容的背後，意味著你學會了享受生活中的樂趣，也意味著你放下了煩惱、放下了得失。這種超脫的心境，會讓你更加

懂得生活的意義、生命的價值，而不僅僅把自己圍困在考試的得失中。

　　名師點評：考後放鬆是必須的，而且也是極為有必要的，但選擇什麼樣的放鬆方式才能夠讓自己的身心都得到放鬆，卻是極為講究的。因此，身為中學生，應該盡量選擇那些適合自己的娛樂休閒方式，讓自己保持一種樂觀向上的情緒。

　　學生收穫：現在的娛樂方式很多，但我一向都選擇適合自己的娛樂方式。這樣既可以讓自己玩得盡興，又能讓自己的身心保持健康，使假期的每一天都過得快樂和有意義。

　　家長策略：孩子考完試後，父母應該積極主動地為孩子安排各種適合的放鬆活動，但最主要的還是讓家庭保持一種輕鬆的氛圍，不管考得好還是不好，都要盡量淡化考試的結果。

03 玩出輕鬆
大家一起來

　　玩，是我們都熟悉的。從小到大，有哪個人沒有玩過？又有哪個人沒有對那些遊戲留下美好的回憶？

　　你可能還會清楚地記得，剛上小學的時候，自己雖然表面上在聽老師講課，心裡卻在盼望下課鈴聲的響起，盼望著和小夥伴們一起玩遊戲；上中學後，由於功課的增多、壓力的加大，大部分的時間只能花在做作業和複習功課上。但是，有哪個同學不渴望做完作業之後就立刻衝出教室去尋找自己喜歡的娛樂方式？只是，為了能夠考出一個好成績、為了自己的理想、為了自己的目標，你只能將自己的這些渴望暫時壓抑在心裡。

　　現在，考試結束了，你可以放心的衝出教室，去盡情的享受玩樂給你帶來的快樂。那麼，哪些娛樂休閒項目最適合你呢？

（1）釋放自己活力的運動

　　沒有什麼比運動更能激發我們的活力、更能達到健康的目的了。而下面的這些運動對你來說是不是非常的熟悉呢？那就不要

再猶豫了，趕緊投入其中吧！

籃球：這應該是男生們最喜歡的運動項目了，雖然自己沒有姚明的身高，也沒有喬丹的技術，但對這個運動項目卻總是樂此不疲。怎奈功課的壓力讓自己在球場上的時間越來越少，現在好了，趕緊約幾個好友，去好好地玩個痛快吧！

游泳：進入游泳池這個能夠讓你徹底擺脫酷夏燥熱的清涼世界——湛藍清澈的水波，流暢而有節律的划水聲，一定會讓你產生將自己融入其中的欲望。當然，如果是在河裡或大海裡游泳時，一定要將安全放在首位，最好約眾多好友一塊去，並做好安全防範措施。

跆拳道：跆拳道是一項優雅而又時尚的運動項目，喜歡追求時尚運動的考生千萬不要放過嘍！而且只要你能夠堅持地「玩」下去，不但可以讓自己的身心得到放鬆，還可以得到一個強健的身體和敏捷的身手。

網球：網球既是一種健身和休閒方式，也是一種藝術追求和享受，同時還是一種扣人心弦的競賽項目。當然，我們還是提倡以休閒、健身爲主。

另外，還可以選擇到健身房去跳跳健身操，或踢球、爬山、

跑步、散步、騎車等等。總之,只要是你喜歡的運動,就大膽地去嘗試吧!

(2) 親近大自然的遊玩

我們都知道,大自然是美好的,走進大自然的懷抱,會讓我們充分享受到那種博大的胸懷和那種自由釋放的爽快。因此,一定要經常給自己尋找機會和大自然進行親密的接觸,讓自己走出房間,走進大自然,暢快地呼吸一下新鮮的空氣,看看綠色的美景。等你真正投入大自然那寬廣的懷抱時,自己的心胸也會隨之變得寬闊起來,這樣不僅有利於把自己從焦慮、緊張的情緒中掙脫出來,而且還能讓自己即時的冷靜和清醒下來,思考自己下一步的計畫,增強自己的自信心。

(3) 娛樂休閒

娛樂休閒場所也是現在很多考生放鬆的好去處,比如,約一群好友,一起去唱KTV,平常校園裡都隱藏著很多的教室歌手、宿舍歌手,現在考完試,總算有表演的機會了,在裡面狂吼上幾個小時,心中的鬱悶肯定會一掃而空的。除了K歌,電影院、撞球場等也是娛樂的好去處。

總之娛樂的目的就是為了放鬆心情,犒賞一下自己,但在

選擇場所上一定要慎重，一定要去那些比較正規、健康的娛樂場所。同時，在娛樂的過程中也應該有一個限度，不要把放鬆變成了放縱，一切以保持身體健康為第一前提，並注意採取一些安全防範措施。當然了，放鬆過後還應該給自己安排一些節奏緩慢的「充電」活動，為下一步的學習做一下熱身準備。

專家點評：考後最應該注重的就是精神調節，另外，適當地外出遊玩、運動、聽音樂、看電影等都是很好的放鬆方式，既可以緩解由於備考、考試期間造成的緊張情緒，還可以放鬆整個身心，養精蓄銳。

～～～～～～～～～～～～～～～～～～～～～～～～～

學生收穫：玩是我們的天性，也是和同學、朋友增進感情的一種良好方式，而考試之後的玩還可以使自己疲憊的心即時得到放鬆，讓壓力得到即時的釋放，可謂一舉數得。

～～～～～～～～～～～～～～～～～～～～～～～～～

家長策略：考完試後，父母可以和孩子一起制訂合理的休閒計畫，比如一家人一起外出遊玩、野餐等，也可以和孩子一起去書店讓孩子挑選一些喜歡看的課外讀物。這些都是很好的放鬆方式。

第六章 家長必讀

考生身心健康的保障

01 以身作則
消除孩子的考試焦慮

　　許多大型考試不僅是在考學生，也是在考「家長」，許多家長在考試前就成了孩子的全職保母，不僅關心孩子的生活，甚至為孩子搜集考題等，整日在家唸叨著考試，日常的一切生活都圍著考試轉。其實，這種過度關心恰恰流露了父母自身的焦慮，其效果也往往會適得其反，而且有些考生的心理問題往往就是被父母給「關心」出來的。因此，舒緩考前壓力應當從父母自身做起。具體應注意以下幾點：

　　（1）避免對孩子過度關注。面臨即將到來的考試，孩子本身可能已經有些壓力了，如果此時父母對孩子更加關注，無疑會增大孩子的壓力。因為這種關注暗示著父母對孩子寄予了殷切期望，因此孩子會更加擔心，萬一考砸了自己將怎樣面對父母呢？尤其是父母諸如「只差幾天了，複習得怎麼樣」、「你要注意提高效率」、「你應當再勤奮一點」等等。這種嘮叨無意中已經製造了一種緊張氣氛，不斷地刺激著孩子本來就已經緊繃的神經，使孩子越來越害怕面對考試，造成更大的心理壓力。因此，父母

要以一顆平常心來面對考試，盡量淡化考試前這種緊張的氣氛，更不要人為地給孩子施加各種壓力。

（2）給孩子充分的自由。父母自身即便對考試有些焦慮，最好也要做到外鬆內緊，給予孩子充足的個人空間。有時孩子複習累了，可能想出去打打籃球、踢踢足球、看看電影、聽聽音樂等，都是極為正常的自我放鬆方式，父母不要以為孩子是在浪費時間，而整天嘮叨著讓孩子抓緊時間複習。要知道，孩子只有在放鬆的情況下複習功課才能提高效率。

（3）不要讓家庭瑣事影響孩子的情緒。臨近考試，為了讓孩子擁有穩定的情緒，家庭成員之間一定要保持和睦的相處，盡量避免爭吵，包括父母之間的衝突、與鄰里之間的糾紛及其他出現爭議的事件等，最好不要當著孩子的面討論。因為這樣的話往往會使孩子精神受到消極影響而增加煩惱。對於家庭的其他重大事情，最好也安排在考試之後再做決定，以免分散孩子的精力。

名師點評：父母在考前可以給孩子講一些笑話或者自己的成長經歷等等，讓孩子明白人的一生要面對許多的壓力，而考試只不過是其中的一關罷了，讓孩子盡量保持平和的心態，以平常心面對考試，而不是把自己的焦慮傳遞給孩子。

學生收穫：一直以來和父母朋友式的相處讓我感覺不到太大的壓力，反而自己的焦慮會在父母的引導下被排除掉，以積極的心態來面對考試。而且，每次看到父母輕鬆的心情，也讓我在面對考試時學會了鎮定自若。

　　家長策略：考前即便父母自己心理緊張，也不要輕易在孩子面前表現出來，要融「關愛、緊張」於無形，確保孩子不受所處環境的干擾，而且父母還應該注意瞭解孩子的情緒變化，對孩子進行激勵、鼓舞為主。

02 吃出健康
如何爲孩子安排一日三餐

　　「考前吃什麼？」如何均衡安排孩子的一日三餐已逐漸成爲父母的一大難題。於是很多父母就把目光轉移到保健食品上，過分相信保健食品的功效。其實，還是俗話說得好：「藥補不如食補。」如果能吃好一日三餐，孩子身體所需的營養就足夠了。那麼，父母應該怎樣爲孩子安排好一日三餐呢？

早餐要吃好

　　營養早餐應有粥麵類、麵點類、冷菜類等三部分組成，稀飯、炒麵、甜麵包等碳水化合物中糖和澱粉含量高，可使腦中產生有鎮靜作用的血清素。忌吃燻肉、蛋類和油條等不容易消化的食物，而且這種食物比較容易降低大腦的靈敏度。當然，如果在餐後加一份蔬果補充維生素，效果會更佳，如果沒有蔬菜和水果也可以喝一點果汁。

午餐要吃飽

　　午餐起著承上起下的作用，所以特別重要。一般來說，飯菜

要豐盛，量要足，要在符合孩子口味的基礎上，做到營養均衡，可以不斷變換食物的種類花樣，增強孩子的食慾。午餐的食物要有充足的熱量和各種維生素，最好多吃肉類、雞蛋等含熱量較高的食品及一些健腦的食品，比如雞蛋、魚肉等。

晚餐要吃巧

晚餐家長要精心地安排，做一些比較容易消化、熱量適中的食物，應以穀類食物和蔬菜為主，口味清淡易於消化，有利於對抗疲勞和養精醒腦。而且不要讓孩子吃得太飽，俗話說：「少吃一口，舒服一宿。」因此孩子的晚餐一定要適量，吃完晚餐1小時後可補充一些水果。飯後半小時之內不要讓孩子投入學習，而應該讓食物在胃腸得以充分消化再學習比較好。晚上如果孩子複習得比較晚，給孩子準備宵夜時，要做一些易於消化、熱量適中的食物，如粥、肉絲麵條、蛋花湯、餛飩等，同時，睡覺前1小時可喝點牛奶，以保持良好的夜間睡眠品質。

另外，如果孩子因天熱、緊張等引起的食慾不振，父母應該在飲食上注意以清熱、健脾、祛暑、化濕為原則，多準備一些煨、燉的湯類食品，如紅棗肚片、銀耳蓮子羹等。宵夜裡面，也應該含少量的蛋白質。如果孩子看書的時間比較長，眼睛容易疲

勞，可以讓他多吃一些胡蘿蔔，動物的肝臟、腎臟，還有紅棗等食品。

名師點評：考前的一日三餐一定要均衡安排好，不要盲目地吃各種保健食品和大魚大肉。如果突然改變孩子的正常飲食習慣，反而會引起胃腸不適，甚至出現腹瀉、便秘等，損害孩子的身體健康和影響孩子的備考狀態。

～～～～～～～～～～～～～～～～～～～～～～～～～～～～

學生收穫：考前父母把飲食安排得非常均衡，每天的飯菜都相當可口和富有營養，飯後再吃一些水果，基本上就會使營養保持充足。因此，每天的精力都比較旺盛，根本不需要吃保健食品和零食之類的東西。

～～～～～～～～～～～～～～～～～～～～～～～～～～～～

家長策略：可口的飯菜、豐富的營養，讓孩子吃飽，是補充孩子能量的最佳方法。因此，父母一定要讓孩子吃得好、吃得飽。

03 睡出精神
考前如何達到最好的睡眠

　　有不少的學生在考試準備階段，為了加強對所學知識的鞏固和記憶，總是犧牲休息時間來對這些知識進行死記硬背。其實，這是一種很不理性的複習方法，雖然當時能夠勉強記住了這些知識，可是到了考場上又想不起來了。而這種開夜車的疲勞戰術又會使他們陷入心情煩躁的狀態之中，甚至對考試失去了信心。我們都知道，足夠的睡眠是從容應考的前提，而事實上，卻有一些考生由於各種因素造成過度緊張而出現睡眠障礙，比如入睡困難、多夢、易醒、醒後不解乏、白天頭腦昏沉等等。

　　那麼，針對這些情況，父母應該如何幫助孩子改善睡眠品質呢？

　　首先，家長應該為孩子營造一個安靜的休息環境，比如舒適的床與鬆軟的枕頭，以及房間內簡潔的環境，這些都是讓孩子保持足夠睡眠的前提條件。另外，在孩子休息時間內，家裡要盡量減少噪音。

其次，父母應該根據孩子的考試時間，幫助孩子調整作息時間。通常來說，調整作息時間也要有一個逐漸形成的過程，而並非一蹴可幾。如果父母為了讓孩子多休息而讓孩子一下子比以往提前兩小時上床睡覺，則往往會讓孩子一時適應不了而造成失眠。同時，父母應該引導孩子放下心理包袱，排除一切雜念，這樣就可以讓孩子儘早入睡，而且也睡得比較踏實了。

第三，父母可以陪孩子到室外進行運動，比如跑步、游泳等，雖然孩子複習功課比較累，但那只是針對大腦而言，而對於孩子的身體，依然有旺盛的精力，因此，可以透過運動，讓孩子感到身體勞累，這樣就可以讓孩子快速入睡了。父母還可以利用孩子學習的空檔和孩子進行一些遊戲，讓孩子擁有一個輕鬆、愉快的心情，對孩子輕鬆入睡也是十分有好處的。

如果孩子晚上沒有睡好，第二天早上可能會感到頭暈腦脹，這是很正常的，但也一定要孩子立即起床，不能讓他賴在床上。起床後可讓孩子到附近公園或是街道上跑跑步、做做早操等，以喚醒孩子的精神，確保白天有足夠的精力複習功課。

名師點評：考試前確保考生擁有足夠的睡眠是有必要的。但如果確實睡不著，考試時如果讓自己處於興奮狀態，也是可以

考得很好的。所以不要刻意去追求睡眠效果，其實，只要讓自己心情一放鬆，自然很快就會入睡了。

～～～～～～～～～～～～～～～～～～～～～～～～～～～～

學生收穫：充足的睡眠雖然有其必要，但如果刻意去追求睡眠效果，則往往會造成緊張過度，反而無法入睡。因此，只要自己按照作息時間進行休息，就不要去想自己什麼時候能夠睡著，也不去想自己到底睡了多久，以及休息的時間到底夠不夠，讓自己放下一切，則入睡就不是難事。

～～～～～～～～～～～～～～～～～～～～～～～～～～～～

家長策略：孩子在備考期間，家庭生活的起居不宜做太多的改變，除非有特別原因，否則不要在考試前或考試期間更換居住地方甚至睡床等，以免讓孩子對此產生陌生感而影響睡眠。

04 靈丹妙藥
如何醫治孩子頭腦「發木」

在臨考前的複習階段，孩子往往會產生一種頭腦「發木」的感覺，這種情況大多是由於孩子在備考時過於緊張造成的，而且這種情況將會對考前複習產生一種消極的影響。

孩子頭腦「發木」的症狀主要有以下幾點：

（1）上課時覺得無精打采，渾身乏力。

（2）自習時易出神，做題時腦子常常是空白一片。

（3）看書時也是頭暈腦脹，複習過的知識點也無法將其儲存到大腦裡去。

（4）休息時心煩意亂，做什麼都打不起精神。

綜合心理和生理角度分析，以下幾方面是孩子頭腦「發木」的主要原因：

1、用腦不科學

平時我們在觀看射擊比賽的時候，只要細心觀察，我們就

會發現，運動員總是在完成射擊前的一段時間穩穩地持著槍，聚精會神地瞄準，做完動作後和做準備前都需要垂下胳膊休息，蓄勢待發。而且，只有遵循這一原則，才有可能擊出最好的成績。同樣的道理，孩子在學習時，也要講究「張弛有道」這個道理，有些孩子只顧拼命複習功課，放棄了正常的睡眠和必要的娛樂活動，長期打「疲勞戰」。這樣一來，身體的健康都保持不了，又拿什麼到考場上去做最後衝刺呢？此外，複習方法單調也容易造成大腦疲勞，長時間內用同一種方法複習一門功課，大腦皮層分管這部分的細胞就會產生保護性抑制，容易產生頭腦「發木」的現象。

2、缺乏自信心

如果孩子總是感覺對考試沒有把握，信心不足，甚至會產生悲觀、失望的念頭。這樣就會大大地影響大腦思維活動的積極性，使其效率大大降低。因此也會產生頭腦「發木」的現象。

3、心理壓力大

隨著考期逼近，老師的嚴格要求、同學之間的相互競爭，再加上來自家庭方面的壓力以及對自己前途的考慮，這些原因都會使孩子產生巨大的心理壓力。如果孩子能夠巧妙地將這種壓力轉

化爲動力或者將其「消化」掉，應該是沒什麼問題的。但如果將這種壓力全部聚集起來，就有可能會轉化爲焦慮、煩躁等等負面情緒，造成大腦皮層機能失調，使頭腦「發木」。

另外，情緒感染也是腦子不靈光的可能因素。在集體學習場合中，如果某一個人或幾個人聲稱自己頭腦「發木」，旁人也可能會受到感染，出現暫時性的相對反應。

那麼，要克服孩子這種頭腦「發木」的症狀，需要哪些「靈丹妙藥」呢？

（1）讓孩子重新認識考試的意義。考試只是孩子學習過程中的一些小小檢驗而已，就算是國中基測、大學指考，也並非命運大決戰和人生終極點。引導孩子從戰略上藐視考試、從戰術上重視考試。

（2）讓孩子充分利用大腦的「最佳時期」。當孩子頭腦清醒、精力充沛時，要抓緊學習；當大腦疲勞時，可進行適當的放鬆，或休息和做一些戶外活動，使腦細胞得到恢復。

（3）讓孩子勞逸結合。引導孩子複習時，方法要多樣化。平時注意文、理科搭配，閱、聽、讀、寫結合，盡量避免枯燥、

單一的複習方法。

（4）幫助孩子樹立自信心。自信是成功的第一秘訣。當孩子感到沮喪或不自信以及情緒低落時，父母要即時給孩子加油、鼓勵。

名師點評：大腦是孩子在考試過程中披荊斬棘的絕對法寶，因此考前父母一定要提醒孩子注意愛護大腦，複習時做到勞逸結合，科學用腦，相信孩子的大腦是聰明的，而且可以在考試中取得成功。

~~~~~~~~~~~~~~~~~~~~~~~~~~~~~~~~~~~~

學生收穫：我在複習時比較注重集中精力，提高效率和學習方法，從不熬夜，在大腦疲勞時也不吝惜時間而是即時休息、即時調整。考試前通常不會有太多的擔憂，只要相信自己，大腦自然就不會「發木」。

~~~~~~~~~~~~~~~~~~~~~~~~~~~~~~~~~~~~

家長策略：考前父母要經常和孩子談心，製造愉快的家庭氛圍，沒有必要買補腦保健食品給孩子吃，因為這樣既浪費金錢又容易使孩子上火，往往取得相反的效果。父母只要給孩子搭配好一日三餐，提醒孩子科學用腦就足夠了。

05 陪考技巧
陪考者應注意的事項

　　我們都知道，在馬拉松的比賽中，對運動員的意志力和毅力是一種極大的考驗，而且也並不是所有的參賽運動員都能堅持到終點的。但是熟悉馬拉松比賽的人都知道，賽場上還有這樣一些人存在，他們或者在一開始處於領跑位置，帶動整個隊伍的節奏，或者在最終階段陪著某位有希望的運動員衝刺，他們有一個稱呼：兔子。「兔子」們的最大作用，就是堅定你的信心，幫助你保持衝刺的節奏以取得更好的成績。我們可以看到對於最終跑出好成績的運動員，總是離不開「兔子」們的功勞。

　　如果我們把考場比做馬拉松賽道，那麼家人的體貼就是孩子的精神支柱和動力支持，是陪伴孩子進行最後衝刺的「兔子」。

　　那麼，孩子在考試的時候，要不要父母陪考呢？其實，這也是因人而異的。在有的情況下，比如大部分的考場不在孩子原來就讀的學校，而且孩子也不熟悉那裡的環境，再加上考試當天，上千人同時擠入一個考場，孩子左看右看可能都是陌生的臉孔。

這時，不安與緊張的氣氛往往會包圍著孩子，使孩子感到恐慌。因此，在陌生的考場中，如果父母或其他親人陪伴著孩子一起去考試，將是孩子精神上的鎮定劑，而且還可以協助孩子處理一些意外的突發狀況。當孩子考完一科，走出考場後和親人說說話、聊聊天，其實是舒緩緊張情緒的有效方法。這樣可以讓孩子獲得新的能量，以備再戰。如果親人再給孩子遞上一些飲料或毛巾，會讓孩子的心裡更加感到溫暖。

可以說，一位合適的陪考者，其實就是賽場中的「兔子」，會讓孩子發揮應有的實力，甚至有超越平時模擬考的臨場表現。但是父母去陪考時，還應注意以下這些事項。

通常而言，父母都希望孩子可以考出理想的成績，但是父母卻常常在無意中給孩子過多的關愛，這種過多的關愛往往會成為孩子的負擔，反而會增加孩子的心理壓力。例如有一些父母凡事都對孩子反覆叮嚀，仔細詢問考試大小細節，又不時東催西催，容易讓孩子變得更加緊張。

另外，場外陪考與場內應考同等重要。父母需要做的是：

首先，要事先探查到考場的路線、協助檢查必備物品、幫

孩子瞭解考場佈置、提供毛巾及飲料、準備好午餐和午休安排等等。

其次，考完試後，不能表現出比孩子還要緊張的樣子，也不要去問孩子考得怎麼樣，而是讓孩子盡量忘記上一節考試，然後帶著自信進入下一節。

最後，要把自己 當成一道隔音牆，讓孩子在考試中聽不到考場外的任何小道消息，也不要讓孩子看報紙或電視上有關當天考試的消息。報紙或電視上的考試報導，有時候較為誇大，看多了會讓孩子感到心煩。

名師點評：如果孩子已經習慣了不需要任何人陪考，那麼家人可不必去「陪烤」。但要讓孩子知道，有陪考者可以幫助解決特殊情況的發生，比如忘記帶准考證、所帶文具弄丟等。可以讓陪考者幫助解決補救方法，而不需要考生自己親自去跑，這就可以使考生保持良好的心態。

學生收穫：我覺得年長的親人是個合適的陪考者，他們是我生活中的朋友和依靠，而且考後從來不主動問我考得怎樣，在陌生的學校考試他們還能讓我覺得心安，覺得心中有依靠。因此，有了他們的陪伴，自己每次考試都比較順利。

　　家長策略：陪考者就像是拳擊場上站在周邊的助理人員一樣，提供選手足夠的精神和物質需要。讓選手保持平穩的心態和冷靜的思維與對手進行搏鬥到底，並能笑到最後。

06 張弛之道
如何解決「考後綜合症」

「考試結束了，孩子整天在家沒什麼事做，胃口大開，每天吃得多、睡得多，應該休息夠了！」

「考後孩子太累了，應該好好放鬆和發洩，隨他怎麼玩，注意安全就行，長時間上網、看電視、聚會雖然對身體不大好，但孩子願意，就讓他歇歇吧！」

「唉，我的孩子老覺得自己考場發揮失常，怕被某某學校拒之門外，考後情緒很低落、沮喪自責，整天在家胡思亂想，吃不好、睡不好，不願與親朋好友接觸，也不願出門，狀態好像比考前還差，真不知道該怎麼辦？」

………

父母們諸如此類的說法雖是「幾家歡樂幾家愁」，但無不反映了一個事實：他們的孩子有可能罹患了「考後心理綜合症」，而上述的三種情況就分別包含了三種症狀：貪吃貪睡症、放鬆過

度症、心理脆弱症。

「考後綜合症」通常發生在重要考試過後或公佈成績時，這也是考生在考前和考後的巨大對比中心理上一下難以適應出現的症狀。

針對貪吃貪睡症，家長一定要預防，好吃好睡沒有錯，但是有的孩子一個假期竟然能胖幾公斤，在新學期開學時會明顯感覺不適應，這就影響到身體和學習。因此，父母應該給孩子制訂好作息時間表，合理安排一些室外活動、體育鍛鍊等，讓孩子的假期生活過得豐富而有節奏。

第二種情況是屬於放鬆過度症，要知道，不管玩什麼都是「適可而止」較好，我們都知道「玩物喪志」這個道理，如果孩子長時間的遊玩，而父母又放任的話，會容易讓孩子在假期期間養成各種陋習。因此，父母應該積極地幫助孩子安排假期的生活，並讓孩子學會自我約束和自我管理。

由於現在的家庭大多數是少子化，而且許多孩子從小就處於優越的家庭環境中，自然在意志力方面顯得稍微薄弱一些，心理承受能力也比較差，尤其是一些性格比較內向的孩子，考試之後如果自我感覺不是很理想，就很容易得「自閉症」。因此，父母

在這方面要注意觀察孩子，找到孩子罹患這種「自閉症」的原因所在，並積極地和孩子交流並開導他，比如可以對孩子說：「只要你盡了最大的努力，結果並不是最重要的。」、「就算這次考得不好，機會還是有的。」以此來鼓勵孩子勇敢面對考場的挫折和培養孩子具有勇往直前的精神。

另外，對於那些感覺自己成績不是很理想的孩子，由於受到這方面的壓力和來自自身心理壓抑無處發洩，往往會變得比較焦慮、自卑，容易產生煩悶易怒情緒。這個時候，如果再受到父母的責備和冷嘲熱諷，心理壓力就會更大，精神會更加委靡，甚至產生抗拒情緒，動不動就和家人吵架。其實，這也是孩子進行發洩的一種方式，家長這個時候一定不要在他們「受傷」的心靈上撒鹽，而應該與他們融洽地相處，即時地給予開導、關愛、鼓勵，消除孩子心中的鬱悶和焦慮感。

總之，考後如果面臨一個漫長的假期，父母一定要積極主動地和孩子一起制訂假期計畫，並安排好學習，不管考試的結果如果，都應該讓孩子過一個輕鬆、快樂的假期。

名師點評：「考後綜合症」主要是由於考生在考前心理壓力過大，導致考後過於放縱自己，生活無規律造成的。「治療」

的方法是把考試的結果看得淡一些，把眼光放在未來，給自己制訂下一個奮鬥目標，並開始執行計畫。

～～～～～～～～～～～～～～～～～～～～～～～～～～～～～

學生收穫：考試只是我們學習過程中的小小檢驗而已，即使是大型的考試，也並非一考定乾坤。畢竟人的一生是一個不斷奮鬥的過程，考得好或者考得不好，都得繼續下去。不是嗎？

～～～～～～～～～～～～～～～～～～～～～～～～～～～～～

家長策略：父母對於孩子考試過後適當放鬆，應該給予鼓勵，但不要放任，要知道孩子的意志力和自我控制能力都還比較薄弱，很多事仍然需要父母的引導。因此，孩子考完試後，父母一定要注意觀察孩子的情緒，並即時和孩子進行溝通。

國家圖書館出版品預行編目資料

老師沒有教的應考秘訣／陳光總主編.

第一版——臺北市：紅蕃薯文化出版；

紅螞蟻圖書發行, 2008.9

面； 公分.——（資優學園；10）

ISBN 978-986-84553-1-3（平裝）

1.學習方法 2.考試指南

521.1　　　　　　　　　　97015335

資優學園 10
老師沒有教的應考秘訣

總 主 編／陳 光

美術構成／魏淑萍

校　　對／周英嬌、楊安妮、朱惠倩

發 行 人／賴秀珍

榮譽總監／張錦基

總 編 輯／何南輝

出　　版／紅蕃薯文化出版有限公司

發　　行／紅螞蟻圖書有限公司

地　　址／台北市內湖區舊宗路二段121巷28號4F

網　　站／www.e-redant.com

郵撥帳號／1604621-1　紅螞蟻圖書有限公司

電　　話／(02)2795-3656（代表號）

傳　　真／(02)2795-4100

數位閱聽／www.onlinebook.com

港澳總經銷／和平圖書有限公司

地　　址／香港柴灣嘉業街12號百樂門大廈17F

電　　話／(852)2804-6687

新馬總經銷／諾文文化事業私人有限公司

新加坡／TEL：(65)6462-6141　FAX：(65)6469-4043

馬來西亞／TEL：(603)9179-6333　FAX：(603)9179-6060

法律顧問／許晏賓律師

印 刷 廠／鴻運彩色印刷有限公司

出版日期／2008年9月　第一版第一刷

定價240元　港幣80元

ISBN 978-986-84553-1-3　　　　**Printed in Taiwan**